ensaladas

sencillas, rápidas y frescas

susaeta

Título original: *Salads, simple, fast and fresh*

Editora responsable: Isabel Ortiz

Responsable de proceso: Antonia M.ª Martínez

Traducción: Alberto Jiménez

Corrección de textos: Ana Doblado

Fotografías: Robert Clark, Rob Shaw y Robert Taylor

Estilismo: Jane Hann, Cherise Koch, Michelle Noerianto y Sarah O'Brien

Diagramación y preimpresión: Miguel Ángel San Andrés

Tratamiento de imágenes: José de Haro

Responsable de logística: Carlos Nafarrate

Campezo, s/n - 28022 Madrid
Tel.: 913 009 100 - Fax: 913 009 118

contenido

hojas

RUQUETA

ACHICORIA
ROJA

LOLO VERDE

MEZCLA DE
VERDURAS PARA
ENSALADA

LECHUGA
MARAVILLA

LOLO ROSA

ESCAROLA

ESPINACAS TIERNAS

ACELGAS

LECHUGA ICEBERG

hojas

LECHUGA TROCADERO

HOJA DE ROBLE ROJA

LECHUGA ROMANA

MIZUNA

ENDIVIAS (BLANCA Y ROJA)

HOJA DE ROBLE VERDE

COGOLLO
DE LECHUGA

CANÓNIGOS

brotes

BROTES DE MOSTAZA

BERROS

GRANOS DE MUNG GERMINADOS

ZARCILLOS DE TIRABEQUE

BROTES DE ALFALFA

BROTES DE TIRABEQUE

verduras asiáticas

BOK CHOY
(ACELGA CHINA)

BOK CHOY ENANO

KANGKUNG
(ESPINACA DE AGUA)

CHOY SUM
(COL FLORECIDA)

GAI LARN
(BRÉCOL CHINO)

TAT SOY

tomates, champiñones y pepinos

TOMATES PERITA

TOMATES PERA

TOMATES CHERRY

TOMATES EN RAMA

TOMATES VERDES

SETAS SHIITAKE

CHAMPIÑONES DE CRÍMINI

CHAMPIÑONES CULTIVADOS

CHAMPIÑONES SILVESTRES

TRES VARIEDADES DE PEPINO

aliños

En lugar de agitarlos en un frasco de cristal con tapa, estos aliños se pueden batir con varillas o batidora eléctrica. En este caso tendrán una consistencia más cremosa, un poco más espesa.

Ingredientes básicos del aliño

Añadir aceite al aliño.

Agitar bien.

aliño francés

60 ml de vinagre de vino blanco
180 ml de aceite de oliva
$^{1}/_{2}$ cucharadita de azúcar
1 cucharadita de mostaza

Mezclar los ingredientes en un frasco de cristal con tapa y agitar.

SE OBTIENEN 250 ML APROX.

por cucharada 14,3 g de grasa; 128 kcal

aliño cremoso

250 ml de suero de leche
2 cucharadas de cebollino fresco picadito
2 cucharadas de aliño francés sin aceite
1 cucharada de mostaza a la antigua
1 cucharada de miel

Mezclar los ingredientes en un frasco de cristal con tapa y agitar.

SE OBTIENEN 160 ML APROX.

por cucharada 0,4 g de grasa; 226 kcal

sugerencia El suero de leche se puede sustituir por leche agria (*ver* glosario).

salsa de tomate fresco

3 tomates pera grandes (270 g) pelados, sin semillas y troceados
2 cebolletas troceadas
80 ml de vinagre de vino tinto
80 ml de salsa de chile dulce
2 dientes de ajo troceados
1 cucharadita de mostaza a la antigua
1 cucharadita de azúcar
1 cucharadita de pimienta negra recién molida
$^{1}/_{4}$ de taza de perejil fresco picadito

Pasar los ingredientes por la batidora hasta obtener una salsa casi lisa.

SE OBTIENEN 310 ML APROX.

por cucharada 0,2 g de grasa; 11 kcal

aliño italiano

2 cucharadas de vinagre de vino blanco
2 cucharadas de zumo de limón
$^{1}/_{2}$ cucharadita de azúcar
2 dientes de ajo machacados
180 ml de aceite de oliva
1 cucharada de albahaca fresca picadita
1 cucharada de orégano fresco picadito

Mezclar los ingredientes en un frasco de cristal con tapa y agitar.

SE OBTIENEN 250 ML APROX.

por cucharada 14,3 g de grasa; 129 kcal

aliño francés *(arriba a la izquierda)*
salsa de tomate fresco *(arriba a la derecha)*
aliño cremoso *(abajo a la izquierda)*
aliño italiano *(abajo a la derecha)*

... y mayonesas

La mayonesa de toda la vida se hace con un cuenco y unas varillas, añadiendo el aceite gota a gota primero y en un chorrito después. Sin embargo, si se tiene prisa, es más rápido usar la batidora eléctrica. Como de esta forma queda más espesa, puede aclararse con un poco de leche o agua.

Batir las yemas de huevo.

Añadir el aceite.

Diluir la mayonesa con leche.

mayonesa básica

2 yemas de huevo
1 cucharada de zumo de limón
$^1/_2$ cucharadita de sal
250 ml de aceite de oliva

Batir, a mano o con batidora eléctrica, las yemas de huevo, el zumo y la sal hasta que tenga obtener una crema suave. Sin dejar de batir, añadir el aceite poco a poco, en un chorro fino, hasta que espese.

SE OBTIENEN 180 ML APROX.

por cucharada 27,7 g de grasa; 249 kcal

salsa rosa

80 ml de concentrado de tomate
80 ml de salsa de tomate
1 cucharada de salsa Worcestershire
$^1/_2$ cucharadita de salsa Tabasco
180 ml de mayonesa básica

Agregar a la mayonesa básica el resto de ingredientes y batir.

SE OBTIENEN 310 ML APROX.

por cucharada 16,7 g de grasa; 160 kcal

mayonesa al curry

1 cucharada de curry en polvo
180 ml de mayonesa básica

Echar el curry en una sartén, ponerlo al fuego y remover hasta que desprenda olor; dejar que se enfríe. Añadirlo a la mayonesa básica y batir.

SE OBTIENEN 180 ML APROX.

por cucharada 27,9 g de grasa; 252 kcal

mayonesa a las finas hierbas

2 cucharadas de cebollino fresco picado
2 cucharadas de perejil fresco picado
2 cucharadas de albahaca fresca picada
180 ml de mayonesa básica

Añadir las hierbas a la mayonesa básica y batir.

SE OBTIENEN 180 ML APROX.

por cucharada 27,7 g de grasa; 249 kcal

alioli

3 dientes de ajo troceados
los ingredientes de la mayonesa básica

Batir, a mano o con batidora, los ajos, las yemas, el zumo y la sal hasta obtener una crema suave. Sin dejar de batir, añadir el aceite poco a poco, en un chorro continuo, hasta que espese.

SE OBTIENEN 180 ML APROX.

por cucharada 27,7 g de grasa; 250 kcal

salsa rosa *(arriba a la izquierda)*
mayonesa al curry *(arriba a la derecha)*
mayonesa a las finas hierbas *(abajo a la izquierda)*
mayonesa con ajo *(abajo a la derecha)*

ensaladas con tradición

Estas ensaladas tradicionales pertenecen a la cocina universal y son tan deliciosas que su atractivo se ha mantenido con el paso del tiempo; son, en suma, recetas clásicas de distintos rincones del mundo.

ensalada césar

TIEMPO: 25 MINUTOS PREPARACIÓN • 5 MINUTOS COCCIÓN

Esta ensalada, apreciada en todo el mundo, se creó en los años veinte del siglo pasado en un restaurante de Tijuana, México, propiedad de un cocinero italiano llamado César Cardini.

Pan frito

Queso parmesano cortado en laminitas

Añadir el aceite para espesar el aliño.

7 rebanadas gruesas de pan de molde
2 cucharadas de aceite de oliva
100 g de queso parmesano
1 lechuga romana grande
5 filetes de anchoa en conserva partidos por la mitad a lo largo

ALIÑO CÉSAR
1 huevo
1 diente de ajo machacado
2 cucharadas de zumo de limón
$^{1}/_{2}$ cucharadita de mostaza
5 filetes de anchoa en conserva escurridos
180 ml de aceite de oliva

1 Quitar las cortezas al pan y cortarlo en dados de 1 cm. Calentar el aceite en una sartén grande; freír el pan hasta que esté dorado y crujiente. Escurrirlo sobre papel de cocina.

2 Con un pelaverduras, cortar el queso en láminas finitas.

3 Trocear las hojas de lechuga y mezclarlas en una ensaladera con la mitad del pan frito, la mitad de las anchoas y la mitad del queso; añadir la mitad del aliño y remover bien. Incorporar el pan frito, las anchoas y el queso restantes; agregar el aliño que quedaba.

aliño césar Batir los huevos, el ajo, el zumo, la mostaza y las anchoas; con la batidora en marcha, añadir el aceite en un chorrito continuo hasta que la salsa espese.

PARA 4 PERSONAS

por ración 65,1 g de grasa; 797 kcal

sugerencia Se puede hacer el aliño el día antes y guardarlo tapado en el frigorífico.

presentación y acompañamiento Esta ensalada puede servirse, tal como hacen muchos restaurantes, con pollo a la plancha troceado.

Hojas de lechuga romana

Quitar las hebras del apio.

Pelar las nueces.

ensalada waldorf

TIEMPO: 15 MINUTOS PREPARACIÓN

La ensalada Waldorf fue creada a principios del siglo XX por los cocineros del mundialmente famoso Hotel Waldorf-Astoria de Nueva York y se hizo tan popular que se convirtió en un plato básico de la cocina de Estados Unidos.

4 manzanas (600 g) rojas
60 ml de zumo de limón
5 ramas de apio (375 g) limpias
120 g de nueces peladas troceadas

MAYONESA

2 yemas de huevo
2 cucharaditas de zumo de limón
1 cucharadita de mostaza
180 ml de aceite de oliva
1 cucharada de agua tibia

1 Quitar el corazón a las manzanas y trocearlas (sin pelar). Mezclarlas en un cuenco con el zumo de limón.

2 Trocear el apio.

3 Mezclar la manzana, el apio, las nueces y la mayonesa en una ensaladera. Servir, si se desea, sobre un lecho de lechuga.

mayonesa Batir las yemas de huevo, el zumo y la mostaza; con la batidora en marcha, añadir el aceite en un chorrito continuo hasta que espese. Incorporar el agua.

PARA 4 PERSONAS

por ración 63 g de grasa; 663 kcal

sugerencias Si la mayonesa queda muy espesa, conviene aclararla con agua (si está templada se aligera mejor).
La mayonesa se puede hacer el día antes y guardarse, tapada, en el frigorífico.

presentación y acompañamiento Servir con pollo asado.

Manzana roja

ensalada marroquí de naranja y rábano

TIEMPO: 30 MINUTOS PREPARACIÓN

Esta sabrosa ensalada es ideal para combinar con un tajín (estofado de carne o pescado típico de la cocina magrebí). Hemos empleado rábanos rojos redondos y grandes, aunque pueden sustituirse por la variedad alargada de piel blanca.

6 naranjas grandes (1,8 kg) sin pipos
4 rábanos rojos grandes (200 g)
$^{1}/_{2}$ cebolla morada pequeña (50 g) en rodajas finas
180 g de aceitunas

ALIÑO DE LIMÓN

1 diente de ajo machacado
$^{1}/_{2}$ cucharadita de pimentón dulce
$^{1}/_{2}$ cucharadita de comino molido
2 cucharadas de zumo de limón
2 cucharadas de aceite de oliva
una pizca de azúcar
2 cucharadas de perejil fresco picadito
1 cucharadita de agua de azahar
$^{1}/_{2}$ cucharadita de canela molida

1 Pelar las naranjas, quitando la cáscara y la piel blanca. Cortar las naranjas y los rábanos en rodajas finas.

2 Disponer rodajas alternas de naranja y rábano en el borde de una fuente; poner las rodajas restantes en el centro. Añadir la cebolla y las aceitunas; rociar con el aliño.

aliño de limón Mezclar los ingredientes en un frasco de cristal con tapa y agitar bien.

PARA 4 PERSONAS

por ración 11,4 g de grasa; 244 kcal

sugerencia El agua de azahar se utiliza a menudo en la cocina marroquí por su efecto refrescante: en esta ensalada sirve para suavizar el intenso sabor del rábano.

presentación y acompañamiento Esta ensalada combina muy bien con tajín de carne, pollo o pescado, así como con carnes a la parrilla o brochetas de cordero.

Agua de azahar

Pelar las naranjas.

Alternar rodajas de naranja y rábano.

gado gado

TIEMPO: 1 HORA PREPARACIÓN • 35 MINUTOS COCCIÓN

Gado gado podría traducirse como «mezcla-mezcla», pues viene a explicar la manera en que los indonesios consumen esta ensalada: cada comensal elige lo que quiere del surtido de verduras que se saca a la mesa, las mezcla en su plato y las aliña con la salsa de cacahuete. Esta ensalada puede tomarse fría o a temperatura ambiente. La galanga puede sustituirse por jengibre fresco.

2 patatas medianas (400 g) en rodajas
2 zanahorias medianas (240 g) en rodajas
150 g de judías verdes troceadas
$^1/_2$ col pequeña (600 g)
aceite vegetal para freír
300 g de tofu fresco cortado en dados de 2 cm
2 tomates medianos (380 g) en cuñas
2 pepinos pequeños (260 g) en rodajas
160 g de brotes de soja
4 huevos duros cortados en cuartos

SALSA DE CACAHUETE

150 g de cacahuetes tostados sin sal
1 cucharada de aceite de cacahuete
1 cebolla pequeña (80 g) picadita
1 diente de ajo machacado
$^1/_2$ guindilla sin semillas picadita
1 cucharada de galanga fresca rallada
1 cucharada de zumo de lima
1 cucharada de azúcar moreno
$^1/_2$ cucharadita de pasta de gambas
250 ml de leche de coco
una pizca de concentrado de tamarindo
1 cucharada de salsa ketcap manis

1 Cocer (por separado) en agua, al vapor o en el microondas, las patatas, las zanahorias y las judías.

2 Mientras tanto, echar las hojas de col en una cazuela grande con agua hirviendo; sacarlas en seguida y sumergirlas en agua fría. Escurrirlas y cortarlas en juliana (tiras muy finas).

3 Calentar el aceite en un cazo; freír el tofu, sumergiéndolo en el aceite, hasta que se dore. Escurrirlo sobre papel absorbente.

4 Disponer en una fuente de servir las patatas, las zanahorias, las judías, la col, el tofu, el tomate, el pepino, los brotes de soja y el huevo; acompañar con la salsa de cacahuete.

salsa de cacahuete Triturar (no demasiado) los cacahuetes. Calentar el aceite en un cazo y rehogar, removiendo, la cebolla, el ajo y la guindilla, hasta que la cebolla esté dorada. Añadir los cacahuetes y los ingredientes restantes. Llevar a ebullición y después cocer a fuego lento 5 minutos o hasta que la salsa espese; dejar que repose 10 minutos. Servir la salsa en un cuenco.

PARA 4 PERSONAS

por ración 47 g de grasa; 715 kcal (sin contar el aceite de freír)

presentación y acompañamiento Se puede servir este plato como un aperitivo vegetariano o acompañarlo con arroz y pollo, pescado, marisco, cordero o ternera.

Freír el tofu.

Cortar las judías y el pepino.

Rallar la galanga fresca.

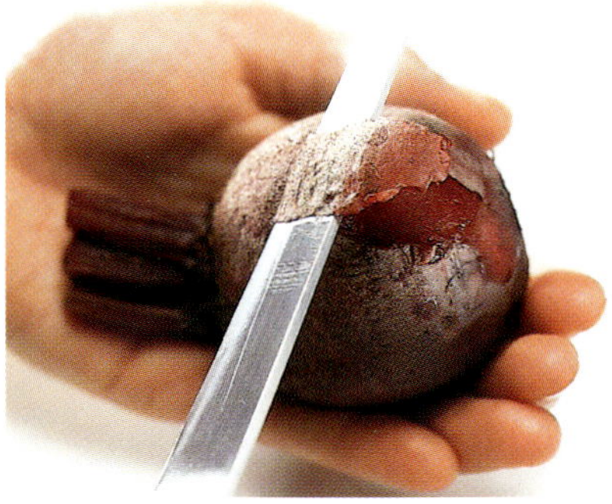

Pelar la remolacha.

Trocear la patata y la remolacha.

ensalada rusa de remolacha

TIEMPO: 20 MINUTOS PREPARACIÓN • 40 MINUTOS COCCIÓN

Utilizamos remolacha y guisantes frescos, pero se pueden usar remolacha ya cocida y envasada y guisantes congelados. Para obtener los 180 g de guisantes desgranados hay que comprar unos 450 g de guisantes con vaina.

4 remolachas medianas (700 g) frescas
3 patatas medianas (600 g)
180 g de guisantes desgranados
1 cebolla morada (100 g) pequeña picadita

ALIÑO DE CREMA AGRIA

1 yema de huevo
2 cucharaditas de mostaza
2 cucharaditas de vinagre de vino blanco
125 ml de aceite de oliva
125 ml de crema agria

1 Calentar el horno a 220-230 °C. Hornear las remolachas, envueltas de una en una en papel de aluminio, durante 40 minutos o hasta que estén tiernas. Sacarlas del horno y dejarlas enfriar 10 minutos; pelarlas y cortarlas en cuñas.

2 Mientras tanto, pelar las patatas y cortarlas también en cuñas; cocer las patatas y los guisantes (por separado) en agua, al vapor o en el microondas; escurrir.

3 Mezclar en una ensaladera la remolacha, las patatas, los guisantes, la cebolla y la crema agria. Servir la ensalada templada o fría.

aliño de crema agria Batir las yemas de huevo, la mostaza y el vinagre. Con la batidora en marcha, añadir el aceite en un chorrito continuo hasta que la salsa espese. Verterla en un cuenco y agregar la crema agria; remover.

PARA 4 PERSONAS

por ración 43,9 g de grasa; 555 kcal

sugerencias Las patatas y las zanahorias pueden cocerse el día antes y guardarse en el frigorífico.

Hay que cortar las raíces y los tallos de las remolachas a 1 cm de la piel; no deben pincharse las remolachas porque al cocerlas perderían color.

presentación y acompañamiento Combina bien con platos de ternera o cordero.

ensalada niçoise

TIEMPO: 1 HORA PREPARACIÓN • 5 MINUTOS COCCIÓN

Hay muchas versiones de esta popular ensalada, pero la auténtica, que proviene de la ciudad provenzal de Niza, siempre incorpora ingredientes que recuerdan al soleado Mediterráneo: tomates, alcaparras, aceitunas y ajo. La receta típica también incluye atún, anchoas, huevos y verduras.

1 cebolla morada mediana (170 g)
4 tomates pera medianos (300 g)
3 ramas de apio (225 g) limpias
3 huevos duros
200 g de judías verdes
12 filetes de anchoa en conserva escurridos y partidos por la mitad a lo largo
425 g de atún en conserva en aceite escurrido y desmigado
100 g de aceitunas
2 cucharadas de alcaparras
2 cucharadas de albahaca fresca cortada en tiritas

ALIÑO DE AJO Y LIMÓN

125 ml de aceite de oliva virgen extra
60 ml de zumo de limón
1 diente de ajo machacado
1 cucharadita de azúcar

1 Cortar la cebolla en tiras finas y los tomates en cuñas, quitando las semillas. Cortar el apio en rodajas finas; pelar los huevos y cortarlos en cuartos a lo largo.

2 Cortar los extremos de las judías y cocerlas en agua, al vapor o en el microondas, hasta que estén tiernas; escurrir. Pasarlas por agua fría y escurrir bien.

3 En una fuente, disponer en capas la cebolla, el tomate, el apio, los huevos, las judías, el atún y las anchoas. Añadir las aceitunas, las alcaparras y la albahaca; rociar con el aliño.

aliño de ajo y limón Mezclar los ingredientes en un frasco de cristal con tapa y agitar bien.

PARA 4 PERSONAS

por ración 50,3 g de grasa; 632 kcal

sugerencia Las aceitunas de Niza, pequeñas y de color marrón oscuro, crecen en el duro y accidentado terreno de Provenza. Si no se encuentran, pueden sustituirse por cualquier tipo de aceituna negra.

presentación y acompañamiento Esta ensalada se sirve como plato único y se acompaña con pan tostado y un vino tinto suave. Si se sirve como primer plato, combina bien con pescado o marisco a la plancha.

Aceitunas de Niza

Cortar la albahaca en tiritas.

Disponer las verduras en la fuente.

ensalada tunecina de atún

TIEMPO: 30 MINUTOS PREPARACIÓN

Esta colorista ensalada de Túnez sabe tan bien como promete su aspecto. A diferencia de sus vecinos del otro lado del Mediterráneo, a los norteafricanos les gusta la comida muy especiada y, aunque esta receta sólo contiene una guindilla, se pueden poner las que se deseen.

Quitar las semillas del tomate.

Cortar las aceitunas para sacar el hueso.

Rehogar el ajo y las semillas en aceite caliente.

2 huevos duros
1 pimiento verde mediano (200 g) picadito
2 tomates medianos (380 g) sin semillas y picaditos
4 cebolletas picaditas
2 filetes grandes de anchoa en conserva picaditos
10 aceitunas verdes deshuesadas (30 g) picaditas
1 guindilla sin semillas picadita
2 cucharaditas de menta fresca picadita
185 g de atún en conserva al natural escurrido y desmigado
1 cucharada de alcaparras escurridas

ALIÑO AL ESTILO HARISSA
2 cucharadas de aceite de oliva
1 diente de ajo machacado
1 cucharadita de semillas de cilantro
1 cucharadita de semillas de alcaravea
1 cucharada de zumo de limón
2 cucharadas de vinagre de vino tinto

1 Pelar los huevos duros y picarlos.

2 En una ensaladera, mezclar los huevos con los demás ingredientes; verter el aliño sobre la ensalada y remover bien.

aliño al estilo harissa Calentar el aceite en un cazo; incorporar el ajo y las semillas; cocer, removiendo, hasta que desprendan aroma. Añadir el zumo y el vinagre.

PARA 4 PERSONAS

por ración 14,3 g de grasa; 212 kcal
sugerencia El atún en conserva se puede sustituir por bonito fresco a la parrilla.
presentación y acompañamiento Puede acompañarse con pan fresco o usarse para rellenar un pan de pita o hacer un rollito con pan ácimo.

Alcaparras

Cortar la pechuga en lonchitas.

Batir el aliño de mayonesa.

pollo de la coronación

TIEMPO: 20 MINUTOS PREPARACIÓN • 30 MINUTOS COCCIÓN

Esta cremosa ensalada, creada para la coronación de la reina Isabel II de Inglaterra en 1953, está impregnada del penetrante aroma de la salsa agridulce de mango (salsa chutney) con curry en polvo.

1 cucharada de aceite de oliva
850 g de pechuga de pollo
125 ml de mayonesa
125 ml de crema agria
90 g de chutney de mango
2 cucharaditas de curry en polvo
300 g de uvas blancas sin pepitas
100 g de nueces peladas troceadas

Uvas blancas

1. Calentar el aceite en una cazuela; dorar bien el pollo por todos lados.
2. Ponerlo en una fuente de horno mediana; tapar y hornear a 180-190 °C 20 minutos o hasta que esté bien hecho. Dejar que se enfríe durante 10 minutos; cortarlo en diagonal, en lonchas de unos 5 mm de ancho.
3. En un cuenco echar la mayonesa, la crema agria, el chutney y el curry; batir.
4. Si las uvas tienen pepitas, quitárselas.
5. En una ensaladera, mezclar el pollo con las uvas, las nueces y el aliño.

PARA 6 PERSONAS

por ración 33 g de grasa; 509 kcal

sugerencias El aliño puede hacerse el día antes y guardarse, tapado, en el frigorífico. Si es posible, usar uvas sin pepitas, que son además muy jugosas.

Esta ensalada sabrá incluso mejor si se hace con mayonesa casera (*ver* receta en la página 14). Si queda muy espesa, aclararla con una cucharada de agua tibia.

presentación y acompañamiento Servir como relleno de pan ácimo o pan de pita acompañado de una ensalada verde.

ensalada de espinacas, beicon y pan frito

TIEMPO: 25 MINUTOS PREPARACIÓN • 20 MINUTOS COCCIÓN

En Estados Unidos esta ensalada tiene mucho éxito entre las señoras que salen a comer con sus amigas. Lleva lonchas de beicon, que pueden sustituirse por lonchas de jamón serrano.

1 barra de pan pequeña
1 diente de ajo machacado
60 ml de aceite de oliva
10 lonchas muy finas (320 g) de beicon
1 yema de huevo
2 cucharaditas de mostaza
una pizca de salsa Tabasco
1 cucharada de vinagre de vino blanco
2 cucharaditas de zumo de limón
2 cucharadas de nata líquida
1 diente de ajo machacado adicional
125 ml de aceite de oliva virgen extra
400 g de espinacas tiernas
5 huevos duros

1 Cortar el pan por la mitad a lo largo y luego en rebanadas de 5 mm; disponerlas en la bandeja del horno. Con un pincel, pintarlas por arriba con el ajo y el aceite mezclados; hornear a 180-190 °C unos 8 minutos o hasta que se doren ligeramente.

2 Quitar la corteza y la grasa del beicon; cortar las lonchas en cuatro. Freírlas en aceite caliente hasta que estén crujientes; escurrirlas en papel de cocina. Desmenuzarlas cuando se enfríen.

3 En un cuenco mezclar la yema, la mostaza, la salsa Tabasco, el vinagre, el zumo, la nata y el otro ajo. Verter poco a poco el aceite de oliva. En una ensaladera, revolver las espinacas con este aliño.

4 Añadir los huevos pelados y troceados, el pan y el beicon; remover.

PARA 6 PERSONAS

por ración 30,3 g de grasa; 386 kcal

sugerencia Para que las espinacas se mantengan crujientes, se lavan las hojas más frescas bajo el chorro de agua fría. Una vez sacudidas, se guardan en una bolsa de plástico hermética en el frigorífico durante varias horas o toda la noche.

presentación y acompañamiento Con esta ensalada y unas salchichas a la barbacoa, sólo falta reunir a la familia para salir de excursión. Todos los ingredientes se pueden cocinar con antelación y mezclarse cuando se vayan a consumir.

Cortar el pan en rebanadas.

Separar la yema de la clara.

ensalada de remolacha con skordalia

TIEMPO: 15 MINUTOS PREPARACIÓN • 40 MINUTOS COCCIÓN

Se dice que en Grecia se consume más cantidad de verduras que en los demás países occidentales. No sabemos si es verdad, pero sí es cierto que a los griegos les gusta cocinar las verduras de formas muy variadas. Esta típica ensalada griega suele servirse con skordalia*, una deliciosa salsa de ajo.*

1,8 kg de remolachas frescas
1 diente de ajo machacado
60 ml de aceite de oliva
2 cucharadas de vinagre de vino tinto

SKORDALIA
2 patatas medianas (400 g)
4 rebanadas de pan de molde duro
6 dientes de ajo machacados
60 ml de aceite de oliva
2 cucharadas de zumo de limón

1 Quitar la raíz y los tallos de las remolachas. Cocerlas en agua, al vapor o en el microondas, sin pelar, hasta que estén tiernas; escurrir. Dejar que se enfríen durante 10 minutos; pelarlas mientras están tibias y cortarlas por la mitad.

2 Colocarlas en una fuente y verter encima los ingredientes restantes bien mezclados. Servir con la *skordalia*.

skordalia Cocer las patatas en agua, al vapor o en el microondas, hasta que estén tiernas; escurrir y aplastar bien. Quitar las cortezas del pan y empaparlo en agua fría durante 2 minutos; escurrir. Batir el pan, las patatas y el ajo. Con la batidora en marcha, añadir el zumo en un chorrito mezclado con el aceite hasta que la salsa espese.

PARA 4 PERSONAS

por ración 30 g de grasa; 565 kcal

presentación y acompañamiento La carne que más se consume en Grecia es el cordero, que combina especialmente bien con esta ensalada. Pruébela con pierna de cordero asada o con *souvlakia* (brochetas de cordero con ajo y limón).

Remolachas frescas

Cocer las remolachas con piel.

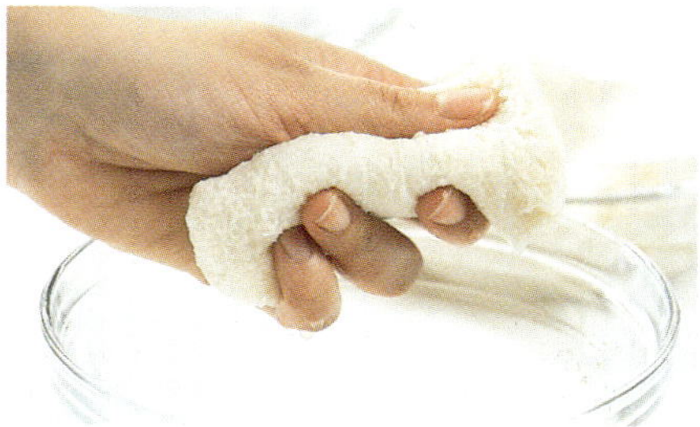
Escurrir el agua del pan.

Verter el aceite mezclado con el zumo.

Hacer el beicon a la plancha.

Trocear los pepinillos.

ensalada caliente de patata

TIEMPO: 10 MINUTOS PREPARACIÓN • 15 MINUTOS COCCIÓN

Esta clásica ensalada, típicamente alemana, es más sencilla de preparar con mayonesa de fabricación industrial, pero con la casera sabe mejor.

4 huevos
4 lonchas de beicon troceadas
750 g de patatas enanas nuevas
2 pepinillos en vinagre picaditos
1 cucharada de perejil fresco picadito
160 ml de mayonesa
80 ml de crema agria
2 cucharaditas de zumo de limón

Patatas enanas nuevas

1. Poner los huevos en una cazuela y cubrirlos con agua; llevarlos a ebullición y cocerlos, sin tapar, 10 minutos; escurrir. Enfriarlos bajo el chorro de agua fría, pelarlos y partirlos por la mitad.
2. Hacer el beicon, sin tapar, en una sartén sin aceite, hasta que esté crujiente; escurrir sobre papel de cocina.
3. Cocer las patatas en agua, al vapor o en el microondas, hasta que estén tiernas; escurrirlas y cortarlas por la mitad.
4. En una cazuela grande, mezclar la mayonesa con la crema agria, el zumo de limón, los pepinillos y el perejil; remover a fuego lento hasta que se caliente. Echar en una ensaladera las patatas, el beicon y los huevos; verter encima el aliño de mayonesa caliente; remover.

PARA 4 PERSONAS

por ración 31 g de grasa; 503 kcal

sugerencia El beicon y los huevos pueden prepararse unas horas antes de hacer la ensalada, pero las patatas y el aliño deben hacerse en el momento.

presentación y acompañamiento Esta suculenta ensalada acompaña muy bien a la carne de cerdo a la parrilla y a la lombarda.

Limpiar las gambas.

Separar la yema de la clara.

cóctel de gambas

TIEMPO: 45 MINUTOS PREPARACIÓN

36 gambas cocidas (900 g)
1 lechuga iceberg mediana

SALSA CÓCTEL
2 yemas de huevo
1 cucharada de vinagre de vino blanco
1 cucharada de mostaza
250 ml de aceite de oliva
1 cucharadita de salsa Tabasco
1 cucharada de salsa Worcestershire
60 ml de salsa de tomate
2 cucharaditas de zumo de limón

1 Pelar los langostinos dejando la cabeza y el extremo de la cola.

2 Cortar la lechuga en 6 cuñas.

3 Justo antes de servir, repartir los langostinos y la lechuga en los platos individuales; verter la salsa por encima.

salsa cóctel Batir las yemas de huevo, el vinagre y la mostaza; con la batidora en marcha, verter el aceite en un chorrito y seguir batiendo hasta que espese. Agregar las dos salsas y el zumo de limón; remover.

PARA 6 PERSONAS

por ración 42 g de grasa; 478 kcal

sugerencia Se puede servir la salsa por separado, como salsa para mojar las gambas o unos filetes de pescado rebozados.

presentación y acompañamiento El cóctel es perfecto como primer plato para una relajada comida de domingo (seguido de un buen filete) o para una cena elegante, precediendo a un asado de ternera.

Hoja de lechuga iceberg

ensalada marinera

TIEMPO: 50 MINUTOS PREPARACIÓN • 15 MINUTOS COCCIÓN

500 g de pulpitos
2 calamares grandes (500 g)
1 kg de gambas crudas
$^{1}/_{4}$ de taza de perejil fresco picadito

SALSA ROSA ESPECIAL
125 ml de mayonesa
125 ml de concentrado de tomate
2 cucharaditas de salsa Worcestershire
una pizca de salsa Tabasco
2 cucharaditas de alcaparras escurridas y picaditas
1 cucharadita de mostaza
2 huevos duros picados

1 Quitar las cabezas a los pulpos y cortarlos por la mitad.

2 Abrir los calamares y, sin cortarlos, pasar el cuchillo en sentido longitudinal, como dibujando rayas; cortarlos, en dirección contraria, en tiras de 1 cm de ancho.

3 Echar los calamares y los pulpos en una cazuela con agua hirviendo; sacarlos al cabo de 20 segundos; escurrirlos inmediatamente. Pelar las gambas dejando las colas.

4 Hacer a la plancha las gambas y los pulpos en una sartén caliente y ligeramente engrasada hasta que se doren.

5 En una ensaladera, mezclar el marisco con el perejil; remover con cuidado. Servir con el aliño y, si se desea, con hojas de lechuga.

salsa rosa Batir la mayonesa, el tomate, las salsas, las alcaparras y la mostaza en un cuenco. Incorporar los huevos justo antes de servir.

PARA 4 PERSONAS

por ración 16,2 g de grasa; 465 kcal

sugerencias Las cabezas de los pulpos se pueden usar para hacer sopa de pescado; quitar el ojo y la piel, enjuagarlos con agua fría y secarlos con papel absorbente.

El aliño puede hacerse el día antes y guardarse tapado en el frigorífico.

presentación y acompañamiento Con estas cantidades se puede servir como primer plato para 6 personas; como plato único, para 4 personas, mejor acompañarla con una ensalada verde.

Cortar los pulpitos por la mitad.

Cortar el calamar.

cremas para mojar

Estas cremas puede batirlas a mano o, si prefiere una textura más suave, con batidora eléctrica. Sírvalas como entrante acompañadas con trozos de pan (chapata, pide, pita...).

crema de tahini

TIEMPO: 10 MINUTOS PREPARACIÓN

El tahini, una pasta hecha con semillas de sésamo, se puede comprar en herbolarios.

180 ml de tahini
2 dientes de ajo machacados
60 ml de zumo de limón
60 ml de agua
una pizca de comino molido
1 cucharada de perejil fresco picadito

1 En un cuenco, mezclar el tahini con el ajo.

2 Agregar, poco a poco, el zumo, el agua, el comino y el perejil, batiendo bien hasta que la mezcla espese.

SE OBTIENEN 350 G

por 100 g 35 g de grasa; 365 kcal

presentación y acompañamiento Esta especialidad de Oriente Próximo suele tomarse con pan pide o como guarnición de platos principales fríos o calientes. Va muy bien con pan pide cortado en rebanadas, tostado y acompañado de sardinas fritas.

guacamole

TIEMPO: 20 MINUTOS PREPARACIÓN

El guacamole es una crema mexicana de aguacate; a veces se toma como guarnición, pero también se consume como un plato en sí mismo y, en este caso, se acompaña con nachos. Para que sea aún más sabroso se le puede añadir ajo machacado, cebolleta picada, guindilla picada o unas gotas de salsa Tabasco.

1 cebolla mediana (150 g)
2 tomates pequeños (260 g)
2 aguacates medianos (500 g)
1 cucharada de zumo de limón
2 cucharadas de hojas de cilantro frescas troceadas

1 Picar muy finitos la cebolla y los tomates.

2 Pelar y deshuesar los aguacates; con un tenedor, machacarlos en un cuenco hasta obtener un puré. Agregar la cebolla, el tomate, el zumo y el cilantro; mezclar bien.

SE OBTIENEN 760 G

por 100 g 10 g de grasa; 103 kcal

presentación y acompañamiento Servir con tiras de maíz, salsa de tomate natural o crema agria. También está muy bueno con tacos y otros platos mexicanos.

ensalada de remolacha, pepino y menta

TIEMPO: 25 MINUTOS PREPARACIÓN

Esta refrescante ensalada de Oriente Próximo se prepara con remolacha cruda para darle una textura crujiente.

1 pepino grande (400 g)
1 cucharadita de sal gorda
4 remolachas medianas frescas (700 g)
1 cebolla morada mediana (170 g)
2 cucharadas de menta fresca picadita
1 cucharadita de ralladura de limón
125 ml de zumo de limón
1 cucharadita de azúcar

1. Pelar, quitar las semillas y picar el pepino. Ponerlo en un colador y espolvorearlo con la sal; dejar que repose 15 minutos.
2. Mientras tanto, pelar y rallar las remolachas. Picar la cebolla muy finita.
3. Enjuagar el pepino con agua fría y secarlo sobre papel absorbente.
4. En una cuenco grande, mezclar el pepino, la remolacha, la cebolla, la menta, la ralladura de limón, el zumo y el azúcar.

SE OBTIENEN 1,25 KG

por 100 g 0,1 g de grasa; 32 kcal
presentación y acompañamiento Servirla con lonchitas de cordero a la parrilla en un pan de pita o como acompañamiento de ternera o carnes de caza.

humus

TIEMPO: 10 MINUTOS PREPARACIÓN • 50 MINUTOS COCCIÓN

El humus es una crema originaria de Oriente Próximo que contiene tahini, una pasta de semillas de sésamo que se encuentra en los herbolarios. Los garbanzos secos se pueden sustituir por garbanzos en conserva (dos frascos de 250 g). El humus puede hacerse con dos días de antelación y guardarse tapado en el frigorífico.

150 g de garbanzos secos
1 cucharadita de sal
1 diente de ajo troceado
80 ml de tahini
60 ml de zumo de limón
una pizca de pimienta de cayena
1 cucharada de perejil fresco cortado groseramente

1. En un cuenco mediano, echar los garbanzos y cubrirlos con agua fría; dejarlos en remojo toda la noche.
2. Escurrirlos, echarlos en una cazuela y cubrirlos con agua fresca. Llevar a ebullición; tapar y cocer a fuego lento unos 50 minutos o hasta que estén tiernos. Escurrirlos encima de una cazuela; quitar la mayor cantidad de pieles que sea posible y reservar 80 ml del líquido de cocción.
3. Batirlos junto con la sal, el ajo, el tahini y el zumo de limón; cuando el puré esté cremoso, añadir el caldo y batir un poco más.
4. Verter el humus en el recipiente de servir y espolvorearlo con la pimienta y el perejil. Se puede aliñar, si se desea, con 2 cucharaditas de aceite de oliva.

SE OBTIENEN 550 G

por 100 g 15 g de grasa; 240 kcal (sin contar el aceite)
presentación y acompañamiento Servir con pan pide templado, con pan de pita tostado o acompañando al cordero asado o brochetas de cordero a la parrilla.

platos principales

Puesto que hoy en nuestras tiendas y mercados disponemos de una gran variedad de productos, podemos encontrar en una ensalada lo más inesperado. Prepárese para descubrir unas recetas únicas y apetitosas.

triángulos de espaguetis con pollo

TIEMPO: 35 MINUTOS PREPARACIÓN (MÁS TIEMPO DE REPOSO Y REFRIGERACIÓN) • 15 MINUTOS COCCIÓN

El pollo ahumado se puede sustituir por pollo asado.

Cortar el pastel de espaguetis en cuatro partes.

Cortar los tirabeques en diagonal.

Tiras de pollo ahumado

250 g de espaguetis frescos al huevo
1 cucharada de polenta
2 cucharadas de aceite de oliva
150 g de tirabeques
150 g de judías verdes
4 cebolletas
400 g de pollo ahumado cortado en tiras

ALIÑO DE CHILE Y LIMA
125 ml de aceite de cacahuete
80 ml de zumo de lima
1 cucharada de salsa de chile dulce
1 cucharada de salsa hoisin

Espaguetis frescos al huevo

1. Echar los espaguetis en una cazuela grande y cubrirlos con agua hirviendo; esperar 3 minutos y escurrirlos.
2. Espolvorear la polenta en el fondo de un molde hondo de 19 x 19 cm. Presionar los espaguetis en el molde y tapar; refrigerar 3 horas o toda la noche.
3. Dar la vuelta al molde sobre una tabla y cortar el pastel de espaguetis en cuatro. Calentar el aceite en una sartén grande; dorar ligeramente, por ambos lados, los cuadrados de pasta. Escurrirlos sobre papel absorbente y cortarlos en triángulos.
4. Cortar los tirabeques en diagonal y las judías en trozos de 5 cm. Cocerlos por separado en agua, al vapor o en el microondas, hasta que estén tiernos; escurrir. Cortar las cebolletas en tiras finas.
5. En una ensaladera, mezclar los tirabeques, las judías, las cebolletas y el pollo. Repartir los triángulos de pasta en 4 platos; cubrirlos con la ensalada de pollo y aliñar.

aliño de chile y lima Mezclar los ingredientes en un frasco con tapa y agitar bien.

PARA 4 PERSONAS

por ración 48,8 g de grasa; 800 kcal

sugerencias El aliño se puede hacer el día anterior y guardarse, tapado, en el frigorífico.

El pollo ahumado es muy versátil y se utiliza en gran cantidad de platos: para ensaladas, como relleno de tortillas o para hacer una cremosa salsa para pasta.

Cortar lonchitas de cerdo muy finas.

Limpiar la escarola y trocearla.

ensalada templada de cerdo y mandarina

TIEMPO: 20 MINUTOS PREPARACIÓN (MÁS TIEMPO DE ADOBO) • 15 MINUTOS COCCIÓN

La carne de cerdo combina muy bien con los cítricos. Si no es temporada de mandarinas, se pueden sustituir por otro cítrico como la naranja.

500 g de lomo de cerdo cortado en lonchitas finas
2 dientes de ajo machacados
1 cucharadita de jengibre fresco rallado
1 cucharada de salsa de chile dulce
2 cucharaditas de salsa de soja
3 mandarinas pequeñas (300 g) peladas y separadas en gajos
150 g de tirabeques
2 cucharadas de aceite de cacahuete
300 g de escarola limpia y troceada
$^{1}/_{4}$ de taza de hojas de cilantro frescas
1 cebolla morada pequeña (100 g) cortada en rodajas finas

ALIÑO DE CHILE

1 cucharada de vinagre de vino blanco
1 cucharada de aceite de cacahuete
1 cucharada de salsa de chile dulce
2 cucharaditas de salsa de soja

1 En un cuenco mezclar las lonchas de carne, el ajo, el jengibre y las dos salsas; tapar y refrigerar durante 2 horas o toda la noche.

2 Cortar los gajos de mandarina a lo largo y quitarles los pipos.

3 Cocer los tirabeques en agua, al vapor o en el microondas; escurrir.

4 Calentar aceite en una sartén grande y saltear el cerdo hasta que se dore.

5 En una ensaladera mezclar la carne, la mandarina, los tirabeques, la escarola, las hojas de cilantro y la cebolla; verter el aliño y remover.

aliño de chile Mezclar los ingredientes en un frasco de cristal con tapa y agitar bien.

PARA 4 PERSONAS

por ración 25 g de grasa; 390 kcal

Tirabeques

ensalada de pollo

TIEMPO: 30 MINUTOS PREPARACIÓN • 10 MINUTOS COCCIÓN

Si tiene poco tiempo, compre dos pollos asados en lugar de cocer un pollo en casa.

2 yemas de huevo
2 cucharadas de zumo de limón
1 cucharada de mostaza
250 ml de aceite de oliva
750 g de pollo cocido troceado
5 ramas de apio (375 g) limpias cortadas en rodajas finas
70 g de almendras tostadas cortadas en bastoncitos
4 huevos duros cortados en cuartos

1 Batir las yemas de huevo, el zumo y la mostaza hasta lograr una crema suave.

2 Con la batidora en marcha, verter poco a poco el aceite; batir hasta que espese.

3 En una ensaladera mezclar el pollo, el apio, las almendras, los huevos duros y la mayonesa. Servir sobre hojas de lechuga y acompañar con pan crujiente.

PARA 6 PERSONAS

por ración 58,7 g de grasa; 668 kcal

sugerencias Un pequeño truco: para que las yemas queden centradas, poner los huevos al fuego en agua fría y no dejar de remover hasta que hierva; cocerlos, sin tapar, removiendo de vez en cuando, unos 6 minutos.

Para tostar las almendras, colocarlas sobre la bandeja del horno sin nada de grasa; hornear a 180-190 °C, sin cubrir, unos 5 minutos o hasta que se doren ligeramente.

Tostar las almendras.

Remover los huevos para que las yemas queden centradas.

Cortar las verduras.

Cortar el cerdo a la barbacoa en lonchitas.

salteado de verduras chinas, cerdo y tofu con aliño de macadamia

TIEMPO: 30 MINUTOS PREPARACIÓN • 10 MINUTOS COCCIÓN

El cerdo a la barbacoa ya preparado se puede comprar en establecimientos de productos asiáticos o en restaurantes que preparen comida para llevar.

500 g de choy sum (o espinacas)
350 g de brécol chino (o brécol)
500 g de bok choy (o acelgas)
4 cebolletas
2 cucharadas de aceite de cacahuete
200 g de setas shiitake troceadas
500 g de cerdo a la barbacoa en filetes finos
300 g de tofu fresco en dados
100 g de brotes de mung

ALIÑO DE MACADAMIA

$^1/_2$ taza de nueces de macadamia tostadas y picaditas
125 ml de aceite de cacahuete
60 ml de mirin
1 cucharada de salsa de soja
80 ml de vinagre de arroz

1. Limpiar y trocear las verduras. Cortar las cebolletas en tiras de 5 cm de largo.
2. Calentar la mitad del aceite en una sartén grande o en un wok; saltear, removiendo, las cebolletas y las setas hasta que estas últimas estén tiernas. Añadir el cerdo y saltear 1 minuto más; sacar la mezcla de la sartén.
3. En la misma sartén, calentar el resto del aceite; saltear, removiendo, las verduras.
4. En una ensaladera mezclar los ingredientes salteados con el tofu, los brotes de mung y el aliño.

aliño de macadamia Mezclar los ingredientes en un frasco de cristal con tapa y agitar bien.

PARA 4 PERSONAS

por ración 77,1 g de grasa; 907 kcal

Setas shiitake

ensalada de soba y atún

TIEMPO: 15 MINUTOS PREPARACIÓN • 10 MINUTOS COCCIÓN

El atún se emplea en platos japoneses como el sashimi y el sushi, donde generalmente se consume crudo, como en esta receta. Si lo prefiere cocido, dórelo ligeramente en la sartén y después prepárelo como prefiera. Le sugerimos que antes de consumir pescado crudo consulte la legislación local.

500 g de soba
1 zanahoria mediana (120 g)
50 g de daikon encurtido
2 cucharadas de rodajitas de jengibre encurtido escurridas
500 g de atún o bonito en filetes finos
1 hoja de alga nori tostada y cortada en juliana
2 cucharadas de salsa de soja
2 cucharadas de mirin
1 cucharadita de wasabi

1 Cocer la pasta en una cazuela grande con agua hirviendo, sin tapar, hasta que esté al dente; escurrir. Enjuagarla con agua fría; escurrir y pasar por encima un papel absorbente.

2 Con un pelador de verduras, cortar la zanahoria en tiras finas.

3 Cortar el daikon rodajas y luego en bastoncitos del tamaño de una cerilla.

4 Colocar la pasta, la zanahoria, el daikon, el jengibre y el atún en los platos; decorar con el alga nori.

5 En un cuenco mezclar la salsa de soja, el mirin y el wasabi; verter esta mezcla sobre la ensalada.

PARA 4 PERSONAS

por ración 3,8 g de grasa; 351 kcal

sugerencia Esta deliciosa receta es casi una lección de cocina japonesa, ya que los ingredientes que contiene se utilizan con mucha frecuencia en su gastronomía. El nori son finas hojas de algas secas usadas para el sushi (rollos de arroz y pescado crudo) o como guarnición de sopas, ensaladas o estofados. El daikon es un rábano con forma de zanahoria que se suele comer crudo, pero que también se vende seco y encurtido. El soba es un espagueti fino de harina de trigo sarraceno. El wasabi es un rábano picante que se vende en polvo o en pasta. El mirin es un vino de arroz para guisar, ligeramente dulce, del color de la cerveza; no es apropiado para beber. Todos estos términos vienen incluidos en el glosario al final del libro.

Soba

Cortar la zanahoria en tiritas.

Cortar el daikon en bastoncitos.

Cortar el alga nori tostada en juliana.

ensalada mexicana de gambas

TIEMPO: 20 MINUTOS PREPARACIÓN (MÁS TIEMPO DE REMOJO Y ENFRIAMIENTO) • 20 MINUTOS COCCIÓN

Esta receta contiene alubias secas pero, si se tiene prisa, se pueden sustituir por alubias en conserva (un bote de 500 g). Los chiles, conservados en vinagre o en aceite de oliva, se venden en tiendas de alimentación especializadas. Largos, dulces y ligeramente picantes, son ideales como aperitivo.

200 g de alubias secas
750 g de gambas cocidas
1 mazorca de maíz (400 g)
4 tortillas de maíz
250 g de tomates cherry
1 aguacate grande (320 g) cortado en lonchitas
1 cebolla morada mediana (170 g) cortada en rodajas finas
$^{1}/_{4}$ de taza de hojas de cilantro frescas
2 chiles verdes encurtidos en vinagre escurridos y troceados

ALIÑO DE LIMA
60 ml de zumo de lima
2 cucharaditas de semillas de comino tostadas
$^{1}/_{2}$ guindillas sin semillas y picadita
80 ml de aceite de cacahuete

1 En un cuenco grande, cubrir las alubias con agua y dejarlas en remojo toda la noche.

2 Escurrirlas y echarlas en una cazuela grande con agua hirviendo. Cocer, sin tapar, unos 20 minutos o hasta que estén tiernas; escurrir y dejar que se enfríen.

3 Mientras tanto, pelar las gambas y limpiarlas, dejando las colas intactas.

Chiles verdes encurtidos

4 Limpiar la mazorca y cortarla en rodajas de 2 cm de grosor; cortar las rodajas por la mitad. Cocer el maíz en agua, al vapor o en el microondas, hasta que esté tierno; escurrir.

5 Cortar cada tortilla en 8 triángulos; colocarlas formando una sola capa en la bandeja del horno engrasada. Hornear los triángulos, sin cubrir, a 180-190 °C 5 minutos o hasta que estén dorados y crujientes.

6 En una ensaladera mezclar las alubias, las gambas, el maíz, los tomates, el aguacate, la cebolla, el cilantro, los chiles y el aliño; servir con las tortillas.

aliño de lima Mezclar los ingredientes en un frasco de cristal con tapa y agitar bien.

PARA 4 PERSONAS

por ración 21,7 g de grasa; 457 kcal

sugerencia Las tortillas se venden frescas y envasadas al vacío en la sección de refrigerados de los supermercados grandes. Conviene tenerlas siempre a mano para hacer rollitos con sobras de pastel de carne, salsa boloñesa, salchichas a la parrilla...

Cortar cada tortilla en ocho porciones.

Rehogar la cebolla, el ajo y los tomates.

Haloumi hecho en la sartén.

ensalada de haloumi, aceitunas y tomate

TIEMPO: 30 MINUTOS PREPARACIÓN • 10 MINUTOS COCCIÓN

Las espinacas tiernas se pueden sustituir por hojas de ruqueta. Si no encuentra los tomates perita amarillos, puede utilizar sólo tomates cherry, pero, eso sí, el plato perderá en colorido.

2 cucharadas de aceite de oliva
1 cebolla grande (200 g) en rodajas
2 dientes de ajo machacados
250 g de tomates cherry partidos por la mitad
250 g de tomates perita amarillos
500 g de queso haloumi en lonchas gruesas
$^1/_4$ de taza de perejil fresco picadito
60 g de aceitunas negras sin hueso
200 g de espinacas tiernas
60 ml de zumo de limón

1 Calentar la mitad del aceite en una sartén grande; rehogar, removiendo, el ajo y la cebolla hasta que ésta se dore. Añadir los tomates; cocer, removiendo, hasta que estén tiernos. Tapar para conservar el calor.

2 Calentar el aceite restante en una sartén grande; dorar las lonchas de queso por ambos lados. Escurrirlas sobre papel absorbente.

3 En una ensaladera mezclar el queso, los tomates, el perejil, las aceitunas, las espinacas y el zumo.

PARA 4 PERSONAS

por ración 15,9 g de grasa; 219 kcal

sugerencia El haloumi se debe cocinar justo antes de servirlo; si se fríe con antelación, se queda duro e insulso.

Queso haloumi

ensalada del chef

TIEMPO: 20 MINUTOS PREPARACIÓN (MÁS TIEMPO DE ENFRIAMIENTO) • 25 MINUTOS COCCIÓN

Esta omnipresente ensalada norteamericana se puede encontrar en los menús de los hoteles de todo el mundo. ¡Cuando la haga en su casa entenderá por qué! Acompañada de pan fresco constituye una comida completa.

1 pechuga de pollo de 350 g
3 tomates pera medianos (225 g)
1 lechuga romana grande
200 g de jamón cocido en lonchas finas
100 g de queso jarlsberg en lonchas finas
3 huevos duros cortados en cuartos

VINAGRETA

125 ml de aceite de oliva
60 ml de vinagre de vino blanco
2 cucharaditas de mostaza a la antigua
1 cucharadita de azúcar
una pizca de pimienta recién molida

1 Dorar el pollo por ambos lados en una sartén grande engrasada. Colocarlo en una bandeja de horno y asarlo, sin cubrir, a 180-190 °C unos 15 minutos. Dejar que se enfríe 5 minutos y cortarlo filetes finos.

2 Cortar cada tomate en 8 cuñas. Lavar y separar las hojas de la lechuga; trocearla.

3 Repartir la lechuga en cuencos individuales; poner encima el pollo, el tomate, el jamón, el queso y el huevo; aliñar con la vinagreta.

vinagreta Mezclar los ingredientes en un frasco de cristal con tapa y agitar bien.

Queso jarlsberg

PARA 4 PERSONAS

por ración 48,2 g de grasa; 654 kcal

sugerencias El queso jarlsberg se puede sustituir por gruyer o emmental.

La vinagreta utilizada es la clásica. Para hacerla más cremosa, se puede batir hasta que espese. Si se prepara el día antes, ha de guardarse, tapada, en el frigorífico.

Tomates cortados en cuñas

Trocear las hojas de lechuga.

Cortar la polenta en círculos.

ensalada crujiente de polenta y verduras

TIEMPO: 15 MINUTOS PREPARACIÓN (MÁS TIEMPO DE REFRIGERACIÓN) • 40 MINUTOS COCCIÓN

Usada en todo el mundo, la polenta es un versátil producto hecho de maíz seco y molido. Los norteamericanos la usan para hacer gachas o purés, los mexicanos para hacer sus típicas tortillas y los italianos la incluyen en sus dulces o la consumen horneada y frita.

500 ml de caldo de verduras
750 ml de agua
510 g de polenta
50 g de queso parmesano rallado
200 g de queso feta desmenuzado
$^{1}/_{3}$ de taza de albahaca fresca cortada en tiritas
2 pimientos amarillos medianos (400 g)
2 calabacines medianos (240 g)
1 berenjena pequeña (230 g)
1 tomate grande (250 g) cortado en rodajas finas
50 g de espinacas tiernas

ALIÑO TEMPLADO DE TOMATE

170 ml de zumo de tomate
1 cucharada de vinagre balsámico
1 diente de ajo machacado
2 cucharadas de albahaca fresca cortada en tiritas

1 Llevar a ebullición el caldo y el agua; echar la polenta poco a poco. Cocerla a fuego lento, removiendo, 5 minutos o hasta que espese; añadir los quesos y la albahaca. Pasarla a dos moldes para horno engrasados de 23 x 23 cm. Tapar y refrigerar 3 horas.

2 Partir los pimientos en cuatro, quitarles las semillas y las membranas. Asarlos a 240-250 °C, con la piel hacia arriba, hasta que le salgan ampollas y se ponga negra. Sacarlos y taparlos con plástico o papel durante 5 minutos; luego pelarlos.

3 Volcar la polenta de los moldes sobre una tabla de cortar; con un cortapastas de 7,5 cm de diámetro, sacar 12 círculos.

4 Dorar los círculos de polenta en una plancha ligeramente engrasada; taparlos.

5 Cortar el calabacín en tiras a lo largo y la berenjena en rodajas de 1 cm de grosor. Hacer el calabacín en una plancha caliente ligeramente engrasada hasta que se dore. Repetir la operación con la berenjena y el tomate.

6 Repartir en los platos la polenta, el pimiento, el calabacín, la berenjena, el tomate y las espinacas; regar con el aliño.

aliño templado de tomate Mezclar los ingredientes en un frasco de cristal con tapa y agitar bien.

PARA 6 PERSONAS

por ración 12,7 g de grasa; 460 kcal

Polenta

Cortar los tirabeques por la mitad.

Cortar el pepino ya sin las semillas.

ensalada de ternera y fideos de arroz con aliño de lima y chile

TIEMPO: 10 MINUTOS PREPARACIÓN • 10 MINUTOS COCCIÓN

400 g de filetes de lomo de ternera
100 g de fideos de arroz
150 g de tirabeques
1 pepino grande (400 g)
1 cucharada de hojas de cilantro frescas

ALIÑO DE LIMA Y CHILE
60 ml de zumo de lima
2 cucharadas de aceite de cacahuete
$^1/_2$ guindilla, sin semillas, cortada en aritos

1 Hacer los filetes de ternera en una plancha caliente engrasada. Taparlos y esperar 5 minutos antes de cortarlos en tiras.

2 Cocer los fideos de arroz en una cazuela grande con agua hirviendo, sin tapar, 2 minutos o hasta que queden al dente; escurrirlos. Aclararlos con agua fría y volver a escurrirlos.

3 Cortar los tirabeques por la mitad en diagonal. Lavar bien el pepino, cortarlo por la mitad a lo largo y quitarle las semillas; cortar las mitades en secciones finas en diagonal.

4 En una ensaladera mezclar la carne, los fideos, los tirabeques, el pepino y el aliño; decorar con el cilantro.

aliño de lima y chile Mezclar los ingredientes en un frasco de cristal con tapa y agitar bien.

PARA 4 PERSONAS

por ración 16,6 g de grasa; 319 kcal

Fideos de arroz

ensalada del mar

TIEMPO: 40 MINUTOS PREPARACIÓN (MÁS TIEMPO DE REFRIGERACIÓN) • 20 MINUTOS COCCIÓN

Esta ensalada figura en el menú de los restaurantes italianos de todo el mundo. Si se combina con una ensalada verde y pan de chapata, constituye una excelente comida que apetece repetir.

600 g de gambas medianas
750 g de mejillones
80 ml de aceite de oliva
1 diente de ajo machacado
500 g de pulpitos cortados en cuartos
400 g de anillas de calamar
250 ml de vino blanco seco
750 g de almejas
2 dientes de ajo machacados adicionales
$^{1}/_{2}$ taza de perejil fresco cortado groseramente
80 ml de zumo de limón

1 Pelar las gambas sin quitarles la cola. Raspar los mejillones y quitarles las barbas.

2 En una sartén mediana, calentar 1 cucharada de aceite; rehogar el ajo y las gambas por tandas hasta que cambien de color; sacarlas.

3 Freír los pulpos y los calamares en la misma sartén; sacarlos.

4 En la misma sartén, llevar el vino a ebullición; después cocerlo a fuego lento, sin tapar, hasta que se reduzca a la mitad. Añadir los mejillones y las almejas; cocerlos, tapados, hasta que se abran (desechar los que queden cerrados).

5 En un frasco con tapa, mezclar el aceite restante, el ajo adicional, el perejil y el zumo de limón; agitar bien. En una ensaladera mezclar el aliño con las gambas, los mejillones, los pulpitos, los calamares y las almejas; tapar y refrigerar durante 1 hora. Justo antes de servir, remover la ensalada de nuevo.

PARA 4 PERSONAS

por ración 21,2 g de grasa; 343 kcal

sugerencia Es mejor preparar esta ensalada cuando se vaya a comer, pero hay que respetar el tiempo de refrigeración para potenciar los sabores.

Mejillones y almejas

Quitar las barbas a los mejillones.

Cortar los pulpitos en cuartos.

ensalada de salmón ahumado y caviar

TIEMPO: 15 MINUTOS PREPARACIÓN • 30 MINUTOS COCCIÓN

Este plato de lujo, para ocasiones especiales, se hace más asequible gracias al caviar rojo (huevas de salmón ligeramente saladas) que reemplaza a su pariente más caro: el beluga (huevas de esturión ligeramente saladas). Si se siente especialmente generoso, sustituya las huevas de salmón por beluga y acompáñelo con un buen cava.

1,2 kg de patatas alargadas
1 cucharada de aceite de oliva
500 g de espárragos trigueros
400 g de salmón ahumado
100 g de verduras para ensalada mezcladas
25 g de huevas de salmón

Caviar rojo

PURÉ DE AGUACATE
1 aguacate pequeño (200 g)
60 ml de crema agria
1 cucharada de eneldo fresco picadito
2 cucharadas de zumo de lima

Cortar las patatas por la mitad.

1 Cocer las patatas en agua, al vapor o en el microondas; escurrirlas.

2 Partirlas por la mitad; colocarlas, con el lado cortado hacia arriba, en una bandeja de horno engrasada y regarlas con el aceite. Hornear, sin cubrir, a 240-250 °C unos 15 minutos, dándoles la vuelta de vez en cuando, hasta que estén doradas.

3 Cocer los espárragos en agua, al vapor o en el microondas; escurrirlos y cortarlos por la mitad.

4 Cortar en tiras los filetes de salmón.

5 Repartir el puré de aguacate en los platos individuales; poner encima las patatas, la ensalada, los espárragos, el salmón y el caviar.

puré de aguacate Pelar y quitar el hueso del aguacate; trocearlo. Batirlo con los restantes ingredientes hasta obtener una crema.

PARA 4 PERSONAS

por ración 24,2 g de grasa; 530 kcal

Preparar el puré de aguacate.

ensalada de salmón y pasta con aliño de eneldo

TIEMPO: 15 MINUTOS PREPARACIÓN

Se necesitan 375 g de conchas de pasta seca para conseguir 750 g una vez cocidas. Hemos utilizado una variedad de pepinillos muy pequeñitos y ligeramente dulces; si no los encuentra, utilice cualquier tipo de pepinillo que no esté muy fuerte.

800 g de salmón cocido
2 bulbos de hinojo cortados en rodajas finas
750 g de conchas de pasta cocidas
1 cebolla morada grande (300 g) picadita
350 g de pepinillos partidos por la mitad a lo largo
1 cucharada de alcaparras picaditas

ALIÑO DE ENELDO

$^{1}/_{3}$ de taza de eneldo fresco picadito
125 ml de vinagre de vino blanco
125 ml de zumo de limón
160 ml de aceite de oliva
1 cucharada de mostaza a la antigua

1 Quitar las espinas del salmón y desmenuzarlo con un tenedor.

2 En una ensaladera, mezclar el salmón, el hinojo, la pasta, la cebolla, los pepinillos, las alcaparras y el aliño; remover.

aliño de eneldo Echar los ingredientes en un frasco de cristal con tapa y agitar bien.

PARA 4 PERSONAS

por ración 57 g de grasa; 973 kcal

Pepinillos

Cortar los bulbos de hinojo en rodajas.

Quitar las espinas al salmón.

Pasar las yemas por un colador.

Desmenuzar el queso azul por encima.

ensalada cobb

TIEMPO: 30 MINUTOS PREPARACIÓN (MÁS TIEMPO DE ENFRIAMIENTO) • 20 MINUTOS COCCIÓN

La hoy famosa ensalada Cobb fue creada en los años treinta por Robert Cobb en el restaurante Brown Derby de Hollywood.

125 ml de vino blanco seco
750 ml de agua
1 cucharada de tomillo fresco picadito
700 g de pechuga de pollo en filetes
6 lonchas de beicon troceadas
4 huevos duros
1 lechuga hoja de roble pequeña
100 g de berros
2 aguacates medianos (500 g) troceados
4 tomates medianos (760 g) pelados sin semillas y troceados
200 g de queso azul

VINAGRETA DE AJO

60 ml de vinagre de vino blanco
2 cucharadas de aceite de oliva
1 cucharadita de mostaza
1 diente de ajo machacado

1 En una cazuela grande, echar el pollo, el vino, el agua y el tomillo; llevar a ebullición y después cocer a fuego lento, sin tapar, unos 20 minutos o hasta que el pollo esté bien hecho. Sacarlo (puede conservarse el caldo para otro guiso) y trocearlo.

2 Mientras tanto, freír el beicon en una sartén mediana, removiendo, hasta que esté dorado y crujiente; escurrirlo sobre papel de cocina.

3 Pelar los huevos y separar las yemas de las claras; trocear las claras groseramente y aplastar las yemas pasándolas a través de un colador.

4 Repartir la hoja de roble y los berros en los platos; poner encima el pollo, el beicon, las claras, las yemas, el aguacate, el tomate y el queso desmenuzado; aliñar con la vinagreta.

vinagreta de ajo Mezclar los ingredientes en un frasco de cristal con tapa y agitar bien.

PARA 4 PERSONAS

por ración 70,7 g de grasa; 974 kcal

sugerencia Los filetes de pollo se pueden sustituir por los restos de un pollo o pavo asado bien limpios.

Berros

Pimientos asados antes de pelarlos.

ensalada marroquí de pollo

TIEMPO: 30 MINUTOS PREPARACIÓN (MÁS TIEMPO DE MARINADO Y REPOSO) • 40 MINUTOS COCCIÓN

1 cucharada de mezcla de especias marroquíes *(baharat)*
2 cucharadas de aceite de oliva
350 g de pechuga de pollo en filetes
1 berenjena mediana (300 g)
sal gorda
2 pimientos rojos grandes (700 g)
500 ml de agua
400 g de cuscús
75 g de pistachos tostados pelados
$^1/_4$ de taza de hojas de cilantro frescas
$^1/_4$ de taza de menta fresca

ALIÑO MARROQUÍ
125 ml de zumo de limón
1 cucharada de ralladura de limón
80 ml de aceite de oliva
2 dientes de ajo machacados
las semillas machacadas de 8 cápsulas de cardamomo
1 cucharadita de semillas de comino tostadas
$^1/_2$ cucharadita de cúrcuma molida

1 Mezclar las especias marroquíes y una cucharada de aceite en una ensaladera. Añadir el pollo, empaparlo con la mezcla y refrigerar 30 minutos.

2 Mientras tanto, cortar la berenjena, sin pelarla, en dados de 2 cm y espolvorearla con sal; dejar que repose 20 minutos.

3 Partir los pimientos en cuartos, quitarles las semillas y las membranas. Hornearlos a 220-230 °C, con la piel hacia arriba, hasta que le salgan ampollas y se ponga negra. Sacarlos y cubrirlos con plástico o papel durante 5 minutos; pelarlos y trocearlos.

4 Freír el pollo en una sartén grande engrasada. Tapar y esperar 5 minutos antes de trocearlo.

5 Enjuagar la berenjena bajo el chorro de agua fría y escurrir. Secarla con papel absorbente. Calentar el aceite restante en la sartén y cocinar la berenjena, removiendo, hasta que se dore y esté tierna.

6 En una cazuela mediana, llevar el agua a ebullición; añadir poco a poco el cuscús y retirarlo del fuego. Taparlo y dejar que repose 5 minutos o hasta que haya absorbido el agua; ahuecarlo con un tenedor.

7 Mezclar en una ensaladera el pollo, la berenjena, el pimiento, el cuscús, los pistachos, el cilantro, la menta y el aliño.

aliño marroquí Echar los ingredientes en un frasco de cristal con tapa y agitar bien.

PARA 4 PERSONAS

por ración 42,5 g de grasa; 634 kcal

sugerencia Para abrir las cápsulas de cardamomo, aplastarlas con la hoja de un cuchillo pesado. Si se usan en platos orientales de arroz o en salsas curry, cocerlas enteras y retirar las cápsulas antes de servir.

ensalada de bolas de arroz con cangrejo

TIEMPO: 20 MINUTOS PREPARACIÓN (MÁS TIEMPO DE REFRIGERACIÓN) • 10 MINUTOS COCCIÓN

El arroz koshihikari se vende en tiendas especializadas. Si no lo encuentra, sustitúyalo por cualquier arroz blanco de grano corto. Para esta receta necesitará 1 taza, es decir, 180 g de arroz crudo.

3 tazas de arroz cocido
1 cucharada de vinagre de arroz
1 cucharadita de azúcar
170 g de carne de cangrejo en conserva
1 diente de ajo machacado
1 cucharada de hierba limón picada
2 cucharaditas de jengibre fresco rallado
1 guindilla sin semillas picadita
2 cebolletas picadas
1 cucharada de kalonji
aceite vegetal para freír
200 g de rábanos
300 g de mizuna

ALIÑO DE RÁBANO PICANTE
2 cucharaditas de salsa de rábano picante
125 ml de aceite de oliva
2 cucharadas de zumo de limón
2 cucharaditas de azúcar
80 ml de vinagre de sidra
2 cucharadas de eneldo fresco picado
1 cucharadita de wasabi

1 En un cuenco mezclar el arroz, el vinagre y el azúcar; tapar y refrigerar 30 minutos o hasta que el arroz esté frío y pegajoso.

2 Escurrir el cangrejo y retirar los restos de caparazón. Presionar la carne en un colador para eliminar el exceso de líquido.

3 Añadir al arroz el cangrejo, el ajo, la hierba limón, el jengibre, la cebolleta, la guindilla y el *kalonji*. Ir formando bolas de arroz con las manos.

4 Freír las bolas en la freidora o en una sartén honda (deben quedar sumergidas) hasta que estén doradas y crujientes; escurrirlas sobre papel de cocina.

5 Cortar los rábanos en rodajas de 5 mm y éstas en bastoncitos de 5 mm de grosor. En un cuenco, mezclar el rábano con la mizuna y la mitad del aliño; servir la ensalada con las bolas de arroz; sacar a la mesa el aliño restante en un cuenco.

aliño de rábano picante En un cuenco mezclar la salsa de rábano, el aceite, el zumo y el azúcar; añadir el vinagre, el eneldo y el wasabi; remover.

PARA 4 PERSONAS

por ración 30,6 g de grasa; 511 kcal

sugerencias Las semillas de kalonji se espolvorean sobre el pan pide turco y se usan para muchas salsas curry de la India; el kalonji potencia su sabor.

El wasabi, rábano picante japonés, se vende en pasta o en polvo; hay que utilizar el polvo según las instrucciones del fabricante. Si se desea un plato más picante, basta con aumentar la cantidad de wasabi.

Kalonji

Escurrir el cangrejo.

ensalada de cordero adobado con aliño de yogur y limón

TIEMPO: 20 MINUTOS PREPARACIÓN (MÁS TIEMPO DE ADOBO Y REPOSO) • 10 MINUTOS COCCIÓN

750 g de falda de cordero
2 dientes de ajo machacados
1 cucharada de menta fresca picadita
1 cucharada de ralladura de limón
2 cucharadas de zumo de limón
2 pimientos rojos medianos (400 g)
2 pepinos pequeños (260 g) en rodajas finas
1 cebolla morada mediana (170 g) en rodajas finas
100 g de aceitunas negras sin hueso
100 g de queso feta desmenuzado
1 cogollo de lechuga romana

ALIÑO DE YOGUR Y LIMÓN
200 ml de yogur
60 ml de zumo de limón
1 diente de ajo machacado
2 cucharadas de agua

Cortar el pimiento en rombos.

Desmenuzar el queso feta.

1 En una fuente grande mezclar el cordero, el ajo, la menta, la ralladura y el zumo de limón; tapar y refrigerar durante 3 horas o toda la noche.

2 Escurrir el cordero y desechar el adobo. Cocinar la carne en una plancha engrasada (o en el grill o en la barbacoa) hasta que se dore y se haga al gusto. Taparlo y dejar que repose 5 minutos; cortarlo en filetes finos.

3 Cortar los pimientos en rombos.

4 En una ensaladera mezclar el cordero, el pimiento, el pepino, la cebolla, las aceitunas, el queso, la lechuga y el aliño.

aliño de yogur y limón Mezclar todos los ingredientes en un cuenco y remover.

PARA 4 PERSONAS

por ración 52,8 g de grasa; 685 kcal

Falda de cordero

Rellenar el centro del aguacate.

ensalada de gambas con verduritas

TIEMPO: 35 MINUTOS PREPARACIÓN • 2 MINUTOS COCCIÓN

El azafrán, los estigmas secos de la flor de Crocus sativus*, es la especia más cara del mundo. Cómprelo en cantidades pequeñas y consérvelo bien cerrado en el frigorífico para que no pierda su frescura.*

1 kg de gambas cocidas
2 aguacates medianos (500 g)

ALIÑO DE VERDURITAS

2 pepinos pequeños (260 g) sin semillas y picaditos
2 tomates medianos (380 g) sin semillas y picaditos
1 diente de ajo machacado
1 cucharada de aceite de oliva
2 cucharadas de zumo de tomate
1 cucharada de vinagre de frambuesa

MAYONESA AL AZAFRÁN

2 cucharadas de zumo de limón
una pizca de hebras de azafrán
2 yemas de huevo
1 cucharada de mostaza
80 ml de aceite de oliva
1 cucharada de eneldo fresco picadito
1 cucharada de agua tibia

1 En primer lugar, preparar el aliño y la mayonesa como se indica más abajo.

2 Pelar y limpiar las gambas dejando la cola intacta.

3 Pelar los aguacates, partirlos por la mitad y quitarles el hueso.

4 Repartir tres cuartas partes del aliño de verduritas entre los platos; poner encima los aguacates partidos y llenar el centro con el aliño restante; adornar con las gambas y la mayonesa.

aliño de verduritas Mezclar los ingredientes en un cuenco y remover bien.

mayonesa al azafrán Echar el zumo y el azafrán en un cazo pequeño; cocer a fuego lento unos 2 minutos o hasta que el zumo cambie de color; dejar que se enfríe. Batir el zumo (colado), las yemas de huevo y la mostaza hasta obtener una crema homogénea. Con la batidora en marcha, verter poco a poco el aceite en un chorrito hasta que espese; agregar el eneldo. Si la mayonesa queda muy espesa, incorporar la cucharada de agua.

PARA 4 PERSONAS

por ración 56,6 g de grasa; 756 kcal

sugerencia La mayonesa al azafrán está incluso mejor si se hace el día antes; guardarla tapada en el frigorífico.

Hebras de azafrán

ensalada de tallarines, judías verdes y pimientos asados

TIEMPO: 20 MINUTOS PREPARACIÓN • 20 MINUTOS COCCIÓN

3 pimientos rojos medianos (600 g)
250 g de tallarines
350 g de judías verdes
1 cebolla morada pequeña (170 g)
2 cucharadas de semillas de sésamo tostadas
$^1/_2$ taza de hojas de cilantro frescas troceadas

ALIÑO DE SOJA Y SÉSAMO

60 ml de zumo de limón
80 ml de aceite de cacahuete
1 cucharadita de aceite de sésamo
2 cucharadas de vinagre de arroz
2 cucharadas de salsa de soja
1 cucharada de azúcar moreno

1 Partir los pimientos en cuatro y quitarles las semillas y las membranas. Asarlos en el horno a 240-250 °C, con la piel hacia arriba hasta que le salgan ampollas y se ponga negra. Sacarlos y cubrirlos con plástico o papel durante 5 minutos; pelarlos. Cortar cada cuarto por la mitad a lo largo y estas mitades a su vez en trozos diagonales.

2 Cocer los tallarines en una cazuela grande con agua hirviendo, sin tapar, hasta que esté al dente; escurrir.

3 Cortar las judías en trozos de 4 cm. Cocerlas en agua, al vapor o en el microondas; escurrir.

4 En una ensaladera, mezclar los pimientos, los tallarines, las judías, la cebolla, el sésamo, las hojas de cilantro y el aliño.

aliño de soja y sésamo Echar los ingredientes en un frasco de cristal con tapa y agitar bien.

PARA 4 PERSONAS

por ración 24 g de grasa; 506 kcal

Tallarines

Pelar los pimientos asados.

Trocear las judías.

Cortar la lámina de pasta en tiras.

Cortar el salmón en filetes finos.

ensalada de salmón a la plancha y pasta de arroz

Alcaparrones

TIEMPO: 25 MINUTOS PREPARACIÓN (MÁS TIEMPO DE ENFRIAMIENTO) • 10 MINUTOS COCCIÓN

En esta receta usamos láminas de pasta de arroz fresca; se venden en tiendas especializadas. Si no las encuentra, utilice cualquier pasta fresca (por ejemplo, placas para lasaña) cortada al tamaño preciso.

500 g de láminas de pasta de arroz fresca
600 g de salmón fresco
2 limones
80 g de alcaparrones
350 g de berros

ALIÑO DE WASABI
80 ml de zumo de limón
2 cucharaditas de wasabi
80 ml de aceite de cacahuete
2 cucharaditas de eneldo fresco picadito
1 cucharada de cebollino picadito

1 Cortar las láminas de arroz en tiras de 4 cm de ancho. Ponerlas en una cazuela y cubrirlas con agua templada; separarlas con las manos. Dejarlas en remojo 1 minuto; escurrirlas y secarlas con papel absorbente.

2 Cortar el salmón en filetes finos y cada limón en 8 cuñas.

3 Hacer el salmón en la plancha engrasada o en el grill. Dorar el limón en la misma plancha.

4 En una ensaladera mezclar el salmón, el limón, los alcaparrones, los berros y el aliño.

aliño de wasabi Mezclar los ingredientes en un frasco de cristal con tapa y agitar bien.

PARA 4 PERSONAS

por ración 29,8 g de grasa; 534 kcal

sugerencia El wasabi, rábano picante japonés, se vende en polvo o en pasta; si se usa el polvo, hay que seguir las indicaciones del envase. Para que el plato quede más picante, basta con aumentar la cantidad de wasabi.

pato a la barbacoa con papaya y aliño de chile dulce

TIEMPO: 40 MINUTOS PREPARACIÓN • 5 MINUTOS COCCIÓN

El pato a la barbacoa ya preparado se puede comprar en establecimientos de productos asiáticos o en restaurantes que preparen comida para llevar. Se puede sustituir por pollo a la barbacoa.

1 kg de pato a la barbacoa
4 cebolletas picadas
1 papaya pequeña (800 g) sin semillas y troceada
50 g de pistachos pelados tostados
80 g de mizuna

ALIÑO DE CHILE DULCE
60 ml de aceite de cacahuete
60 ml de zumo de lima
2 cucharadas de salsa de chile dulce
1 cucharada de jengibre fresco rallado
$^1/_2$ cucharadita de aceite de sésamo
$^1/_2$ guindilla sin semillas picadito

Papaya

1 Separar toda la carne y la piel del pato; desechar los huesos. Eliminar la capa de grasa de la parte inferior de la piel. Cortar la carne y la piel en tiras.

2 En una ensaladera, mezclar el pato, las cebolletas, la papaya, los pistachos, la mizuna y el aliño.

aliño de chile dulce Mezclar los ingredientes en un frasco de cristal con tapa y agitar.

PARA 4 PERSONAS

por ración 50 g de grasa; 599 kcal

sugerencia Las guindillas frescas se pueden guardar en el congelador; estarán siempre a mano cuando se necesiten y además resultarán más fáciles de cortar mientras están congeladas.

Raspar la piel para eliminar la grasa.

Cortar el pato en tiras finas.

Quitar las semillas de la papaya.

ensalada de trucha ahumada y patatas

TIEMPO: 25 MINUTOS PREPARACIÓN • 15 MINUTOS COCCIÓN

Las patatas enanas nuevas no son una variedad especial, simplemente son patatas que se recolectan cuando son pequeñas. Las freiremos dos veces para que queden más crujientes.

300 g de patatas enanas nuevas
aceite vegetal para freír
3 cebolletas
300 g de lonchas de trucha ahumada troceados
2 tomates grandes (500 g) sin semillas y picaditos
100 g de espinacas tiernas

ALIÑO DE LIMA A LA PIMIENTA

$^1/_2$ cucharadita de pimienta negra recién molida
1 cucharada de zumo de lima
1 cucharada de vinagre de vino blanco
2 cucharadas de aceite de cacahuete
1 diente de ajo machacado

Cortar las patatas muy finitas con una mandolina.

Cortar las cebolletas a lo largo.

Freír las patatas por segunda vez.

1 Con una mandolina, cortar las patatas en rodajas finísimas. Enjuagarlas hasta que el agua salga limpia; escurrir y secar con papel absorbente.

2 Freírlas en la freidora o en una sartén honda hasta que estén doradas y crujientes. Escurrirlas sobre papel de cocina.

3 Cortar las cebolletas en juliana (tiras muy finas).

4 Justo antes de servir la ensalada, a freír de nuevo las patatas en la misma sartén; escurrirlas.

5 En una ensaladera mezclar las patatas, la cebolleta, la trucha, el tomate, las espinacas y el aliño.

aliño de lima a la pimienta Mezclar los ingredientes en un frasco de cristal con tapa y agitar bien.

PARA 4 PERSONAS

por ración 12,5 g de grasa; 286 kcal (sin contar el aceite de freír)

sugerencia Para cortar las rodajas de patata muy finitas es necesaria una mandolina (fotografía de la izquierda), un accesorio realmente útil para cortar frutas y verduras con formas y tamaños diversos.

Trucha ahumada

Doblar la masa.

empanadillas de pollo ahumado con espárragos y queso

TIEMPO: 50 MINUTOS PREPARACIÓN • 10 MINUTOS COCCIÓN

80 ml de zumo de naranja
60 ml de vinagre de sidra
2 cucharadas de aceite de oliva
2 cucharaditas de mostaza
1 cucharadita de azúcar moreno
2 pepinos pequeños (260 g) sin semillas y picaditos
4 tomates pera medianos (300 g) sin semillas y picaditos
500 g de espárragos trigueros
12 obleas de masa de empanadillas
12 huevos de codorniz
150 g de pechuga de pollo ahumada picadita
aceite vegetal para freír
180 g de bocconcini (bolas de queso mozzarella)
80 g de brotes de tirabeques

1 En un frasco de cristal con tapa mezclar el zumo, el vinagre, las 2 cucharadas de aceite, la mostaza y el azúcar; agitar bien. En un cuenco combinar la mitad de este aliño con el pepino y el tomate; tapar y refrigerar.

2 Dorar los espárragos en la plancha ligeramente engrasada (o en el grill); escurrirlos sobre papel absorbente y cortarlos por la mitad.

3 Colocar las obleas sobre una bandeja-molde con 12 huecos ligeramente engrasados. Cascar un huevo sobre cada oblea y poner encima una cucharadita de pollo. Pintar los bordes de las obleas con agua y cerrarlos juntando las cuatro esquinas y presionando los lados para darles forma piramidal.

4 Calentar el aceite en una freidora o una sartén honda, y freír las empanadillas unos 3 minutos; escurrirlas sobre papel absorbente.

5 En una ensaladera mezclar los espárragos con los bocconcini y los brotes.

6 Repartir la mezcla de tomate entre los platos; poner encima la mezcla de espárragos y las empanadillas; regar con el resto del aliño.

PARA 4 PERSONAS

por ración 24,7 g de grasa; 413 kcal (sin contar el aceite de la freír)

sugerencia Los huevos de codorniz pueden sustituirse por huevos de gallina, pero como éstos son más grandes, habrá que batirlos y echar una cucharadita en cada oblea.

Huevos de codorniz

Enrollar la masa y cortarla en secciones.

Cortar la zanahoria en tiras finas.

pato con rollitos crujientes de wonton

TIEMPO: 25 MINUTOS PREPARACIÓN • 45 MINUTOS COCCIÓN

1 kg de pechuga de pato
2 cucharadas de salsa hoisin
2 cucharadas de salsa de ciruela
10 láminas de masa wonton
aceite vegetal para freír
1 zanahoria grande (180 g)
4 cebolletas picaditas
80 g de brotes de tirabeques
2 pepinos medianos (340 g) sin semillas cortados en rodajas finas

ALIÑO DE CIRUELA Y HOISIN
1 cucharada de salsa hoisin
1 cucharada de salsa de ciruela
2 cucharadas de vinagre de arroz
2 cucharadas de aceite de cacahuete

1. Colocar el pato en una fuente de horno grande; con una brocha, untarlo con las dos salsas. Hornearlo, sin cubrir, a 180-190 °C unos 45 minutos o hasta que esté bien hecho. Retirar el pato de la bandeja y escurrirlo sobre papel absorbente. Cuando se enfríe lo suficiente como para tocarlo, cortarlo en filetes de 5 mm de grosor.
2. Mientras tanto, formar un cilindro con cada lámina y cortarlo en secciones de 5 mm.
3. Calentar el aceite en una freidora o una sartén honda; dorar los rollitos y escurrirlos sobre papel absorbente.
4. Con el pelador de verduras, cortar la zanahoria en tiras finitas.
5. En una ensaladera mezclar los rollitos, la zanahoria, las cebolletas, los brotes de tirabeque y la mitad del aliño; repartir esta mezcla en los platos y poner encima capas alternas de pato y pepino; regar con el aliño restante.

aliño de ciruela y hoisin Mezclar los ingredientes en un frasco de cristal con tapa y agitar bien.

PARA 4 PERSONAS

por ración 72, 4 g de grasa; 929 kcal (sin contar el aceite de freír)

ensalada de cordero especiado con aliño de mango

TIEMPO: 20 MINUTOS PREPARACIÓN (MÁS TIEMPO DE ADOBO) • 10 MINUTOS COCCIÓN

Para el puré de esta receta se necesitan 2 mangos frescos.

750 g de falda de cordero
1 cucharada de comino molido
1 cucharada de cilantro molido
2 cucharaditas de cúrcuma molida
$^1/_2$ cucharadita de pimentón picante
2 cucharaditas de sal de ajo
2 panes ácimos
1 pimiento rojo mediano (200 g) cortado en tiritas
1 pimiento amarillo mediano (200 g) cortado en tiritas
1 cebolla morada mediana (170 g) cortada en rodajas finas
2 aguacates medianos (500 g) pelados y cortados en rodajitas
1 lechuga trocadero limpia
2 cucharadas de hojas de cilantro frescas

ALIÑO DE MANGO
250 ml de mango hecho puré
125 ml de zumo de lima

1 En una ensaladera, rebozar el cordero con las especias mezcladas con la sal de ajo; taparlo y refrigerar 30 minutos.

2 En una sartén engrasada hacer el cordero, sin taparlo, hasta que quede al gusto. Dejar que repose 5 minutos y cortarlo en filetes finos.

3 Poner los panes en una bandeja de horno engrasada; hornearlos, sin cubrir, a 180-190 °C 5 minutos o hasta que se doren ligeramente. Dejar que se enfríen y trocearlos.

4 Repartir entre los platos el cordero, los pimientos, la cebolla, el aguacate, la lechuga y el cilantro; aderezar. Servir acompañado del pan tostado.

aliño de mango Echar los ingredientes en un frasco de cristal con tapa y agitar bien.

PARA 4 PERSONAS

por ración 27,9 g de grasa; 578 kcal

Lechuga trocadero

Rebozar el cordero en las especias.

ensalada de huevo, panceta y espárragos condimentada con ajo crujiente

TIEMPO: 20 MINUTOS PREPARACIÓN • 20 MINUTOS COCCIÓN

Variación de una receta italiana clásica, este plato es tan sabroso como fácil de preparar.

6 huevos
500 g de espárragos trigueros
100 g de panceta en lonchas finas
25 g de mantequilla
2 dientes de ajo machacados
140 g de pan rallado grueso
200 g de pasta fresca para lasaña
2 cucharadas de salvia fresca cortada en tiritas
125 ml de aceite de oliva

1 Poner los huevos en un cazo mediano y cubrirlos con agua fría; llevar a ebullición. Cocerlos a fuego lento 3 minutos (no deben quedar muy cuajados); sacarlos y lavarlos con agua fría. Pelarlos y cortarlos en cuatro.

2 Partir los espárragos por la mitad. Cocerlos en agua, al vapor o en el microondas; escurrirlos.

3 Calentar una sartén grande ligeramente engrasada; dorar la panceta y escurrirla en papel absorbente; trocearla.

4 En la misma sartén, calentar la mantequilla; dorar el ajo y el pan rallado, removiendo, hasta que el pan quede crujiente.

5 Cortar la pasta de lasaña en tiras de 3 cm. Cocerlas en una cazuela con agua hirviendo, sin tapar, hasta que estén al dente; escurrir.

6 En una ensaladera mezclar el pan con ajo y la pasta; añadir los huevos, los espárragos, la panceta, la salvia y el aceite; remover.

PARA 4 PERSONAS

por ración 45, 7 g de grasa; 671 kcal

sugerencia Los espárragos pueden sustituirse por cualquier otra verdura y la lasaña fresca por placas de lasaña secas (cocerlas al dente, escurrir y cortarlas en tiras).

Hojas de salvia

Huevos poco cuajados

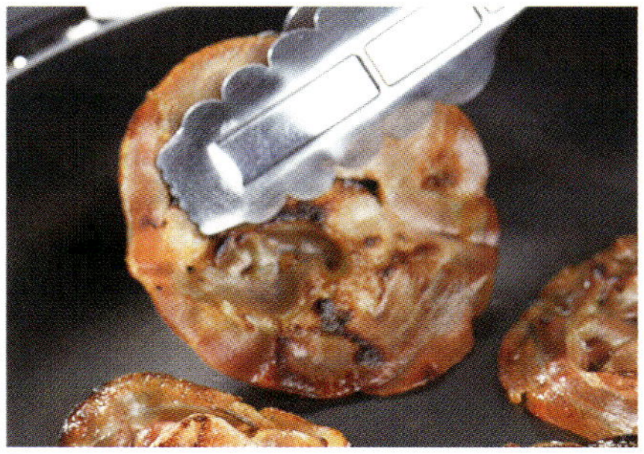
Dorar la panceta.

Cortar los extremos leñosos de los espárragos y pelar la mitad inferior.

Hacer la pera a la plancha.

ensalada templada de espárragos, pera y jamón serrano

TIEMPO: 20 MINUTOS PREPARACIÓN • 20 MINUTOS COCCIÓN

Esta exquisita combinación de ingredientes constituye un tentempié o una comida ligera muy especial.

500 g de espárragos trigueros
8 lonchas (120 g) de jamón serrano
2 peras medianas (460 g)
$^{1}/_{4}$ de taza de cebollino fresco troceado
300 g de escarola
100 g de queso de cabra

ALIÑO ÁCIDO DE CAVA
60 ml de vinagre de cava
2 cucharadas de mostaza a la antigua
60 ml de aceite de oliva

1 Cortar el extremo duro de los espárragos; si es necesario, pelar la mitad de abajo. Hacerlos a la plancha con un poquito de aceite hasta que estén dorados y tiernos.

2 Cortar las lonchas de jamón por la mitad; dorarlas en la plancha también y escurrirlas sobre papel absorbente.

3 Cortar las peras por la mitad y quitarles los corazones; cortar cada mitad en cuatro cuñas. Hacerlas a la plancha.

4 En una ensaladera mezclar los espárragos, el jamón, las peras, el cebollino, la escarola y el aliño; agregar el queso desmenuzado.

aliño ácido de champán Mezclar los ingredientes en un frasco de cristal con tapa y agitar bien.

PARA 4 PERSONAS

por ración 21,6 g de grasa; 356 kcal

sugerencia Para dar un toque distinto a la ensalada, se puede usar queso azul cremoso en vez del queso de cabra.

Escarola

Pieza de cordero cubierta con las semillas de cilantro.

Cortar el cordero en filetes finos.

ensalada de cordero y lentejas

TIEMPO: 20 MINUTOS PREPARACIÓN (MÁS TIEMPO DE REPOSO) • 30 MINUTOS COCCIÓN

Se pueden sustituir las lentejas por judías, garbanzos o guisantes secos. La ensalada resulta mejor si, en vez de lentejas en conserva, se usan lentejas secas o precocinadas.

200 g de lentejas rojas
200 g de lentejas marrones
1 cucharada de semillas de cilantro
600 g de falda de cordero
1 pepino pequeño (130 g) troceado
2 ramas de apio (159 g) limpias y troceadas
1 cebolla morada pequeña (100 g) troceada
2 tomates medianos (380 g) troceados
2 cucharaditas de pimentón dulce
2 cucharaditas de comino molido
2 cucharaditas de cilantro molido
2 cucharadas de aceite de cacahuete
2 cucharadas de zumo de limón
1 lechuga trocadero mediana

1 Cocer las lentejas por separado, sin tapar, en agua hirviendo hasta que estén tiernas; escurrirlas. Enjuagarlas con agua fría y escurrirlas de nuevo.

2 Mientras tanto, en un mortero machacar las semillas de cilantro y pasar por encima la pieza de carne para rebozarla.

3 En una sartén grande caliente y engrasada, cocinar la carne dejándola al punto que se desee. Taparla y dejar que repose 5 minutos; cortarla en lonchas finas.

4 En una ensaladera mezclar las lentejas, el cordero, el pepino, el apio, la cebolla y el tomate; agregar el aliño hecho mezclando bien las especias, el aceite y el zumo.

5 Servir la ensalada sobre un lecho de lechuga.

PARA 4 PERSONAS

por ración 26,4 g de grasa; 641 kcal

Hoja de lechuga trocadero

ternera a la naranja con endivias

TIEMPO: 20 MINUTOS PREPARACIÓN (MÁS TIEMPO DE ADOBO) • 15 MINUTOS COCCIÓN

Las endivias se pueden sustituir alguna variedad de achicoria roja.

500 g de solomillo de ternera
135 g de mermelada de naranja
125 ml de zumo de naranja
2 cucharadas de azúcar moreno
1 diente de ajo machacado
2 naranjas medianas (480 g)
2 cucharadas de aceite de cacahuete
80 g de almendras crudas sin piel
2 cebolletas cortadas en rodajas finas
1 kg de endivias
60 ml más de zumo de naranja

1 Cortar el solomillo en filetes muy finos; en una ensaladera, mezclarlos con la mermelada, el zumo, el azúcar y el ajo. Tapar y refrigerar 3 horas o toda la noche.

2 Escurrir la carne sobre un cuenco y reservar el adobo. Pelar muy bien las naranjas, quitándoles la piel blanca y los pipos; cortarlas en rodajas de 1 cm de grosor.

3 Calentar el aceite en una sartén grande; dorar las almendras, removiendo. Pasarlas a una ensaladera.

4 En la misma sartén, saltear la carne hasta que esté un poco dorada. Echarla en la ensaladera con las almendras.

5 Dorar las rodajas de naranja y añadirlas a la ensaladera junto con las cebolletas; remover.

6 Echar el adobo en la sartén, llevarlo a ebullición y dejar que hierva 1 minuto.

7 Repartir las hojas de endivia entre los platos; poner encima la ensalada de ternera y aliñar con el adobo ya frío mezclado con el zumo de naranja adicional.

PARA 4 PERSONAS

por ración 28,9 g de grasa; 645 kcal

sugerencia El solomillo se corta mejor si se envuelve en film de cocina y se mete al frigorífico una hora antes.

Endivias

Cortar la ternera en filetes muy finos.

Rodajas de naranja doradas en la sartén.

pollo al pimentón con limón y adobo de cúrcuma

TIEMPO: 30 MINUTOS PREPARACIÓN (MÁS TIEMPO DE ADOBO Y REFRIGERACIÓN) • 25 MINUTOS COCCIÓN.

Los pappadums son unas deliciosas tortitas de harina de lentejas y de arroz que se comen mucho en la India.

700 g de filetes de pechuga de pollo
2 dientes de ajo machacados
1 cucharada de ralladura de limón
125 ml de aceite de oliva
1 cucharadita de pimentón dulce
1 cucharadita de cúrcuma molida
2 pepinos medianos (340 g)
1 guindilla muy picadita
2 cucharadas de vinagre de vino blanco
2 cucharaditas de azúcar
8 pappadums
aceite vegetal para freír
80 g de espinacas tiernas
200 ml de yogur
1 cucharada de menta fresca troceada
2 cucharadas de hojas de cilantro frescas troceadas

1 En una ensaladera mezclar el pollo, el ajo, la ralladura de limón, los 125 ml de aceite, el pimentón y la cúrcuma; tapar y refrigerar 3 horas o durante toda la noche.

2 Con un pelador de verduras, cortar el pepino a lo largo en láminas. Mezclarlo en un cuenco con la guindilla, el vinagre y el azúcar; tapar y refrigerar 20 minutos.

3 Mientras tanto, sacar el pollo del adobo y reservar éste. En una sartén grande engrasada, dorar el pollo. Taparlo y esperar 5 minutos antes de cortarlo en tiritas.

4 Poner a hervir el adobo de cúrcuma durante 1 minuto.

5 Freír los pappadums sumergiéndolos por completo en aceite hasta que estén crujientes; escurrirlos sobre papel de cocina.

6 En una ensaladera mezclar el pollo, las espinacas y el pepino.

7 Mezclar el yogur, la menta y el cilantro en un cuenco pequeño.

8 Repartir los pappadums entre los platos y poner encima la ensalada de pollo. Aderezar con la mezcla de yogur y el adobo de cúrcuma.

PARA 4 PERSONAS

por ración 35,7 g de grasa; 526 kcal

sugerencia Los pappadums también pueden cocinarse en el microondas. Colocar dos por vez en el plato. Poner el microondas a la máxima potencia unos 30 segundos o hasta que los pappadums estén crujientes. Se pueden preparar el día anterior y, una vez que se hayan enfriado, guardarlos en un recipiente hermético.

Pappadums antes (delante) y después de freírlos.

Desmenuzar el atún escurrido.

Remover los ingredientes antes de servir.

ensalada de lacitos y atún al limón

TIEMPO: 25 MINUTOS PREPARACIÓN • 10 MINUTOS COCCIÓN

Se puede usar atún fresco muy picadito, en lugar de atún en conserva, si se deja marinar durante la noche en la mezcla de tapenade (pasta de aceitunas), aunque hay que tener en cuenta que quedará crudo.

375 g de lacitos de pasta (farfalle)
60 g de tapenade (pasta de aceitunas)
1 cucharadita de ralladura de limón
180 ml de zumo de limón
125 ml de aceite de oliva virgen extra
2 cucharadas de vinagre de vino blanco
1 cucharada de azúcar
1 cucharadita de sal
425 g de atún en conserva en aceite escurrido y desmigado
1 pepino grande (400 g) sin semillas y picadito
4 ramas de apio (300 g) limpias y cortadas en rodajitas
4 cebolletas cortadas en rodajas finas
1 guindilla sin semillas picadita
1/3 de taza de menta fresca picadita

1 Cocer la pasta en una cazuela con agua hirviendo, sin tapar, hasta que esté al dente; escurrirla. Enjuagarla con agua fría y escurrirla de nuevo.

2 Mezclar en un cuenco la tapenade con la ralladura y el zumo de limón, el aceite, el vinagre, el azúcar y la sal.

3 En una ensaladera mezclar bien la pasta con la salsa hecha en el paso previo, el atún, el pepino, el apio, la cebolleta, la guindilla y la menta.

PARA 4 PERSONAS

por ración 44,2 g de grasa; 851 kcal

sugerencia La tapenade, una pasta de aceitunas negras o verdes, se puede encontrar en tiendas de *delicatessen*. Es conveniente preparar la salsa el día antes, ya que así toma más sabor.

Lacitos (farfalle)

Caramelizar la cebolla.

Cortar rodajas de calabaza.

ensalada de ternera, calabaza y champiñones con cebolla agridulce

TIEMPO: 25 MINUTOS PREPARACIÓN • 40 MINUTOS COCCIÓN (MÁS TIEMPO DE REPOSO)

4 tomates pera grandes (360 g) en cuartos
14 champiñones grandes (400 g)
1 diente de ajo picado
1 cucharada de aceite de oliva
40 g de mantequilla
2 cucharadas de azúcar moreno
1 cebolla grande (200 g) en rodajas finas
1 kg de calabaza
750 g de lomo de ternera en un trozo
2 cucharadas de vinagre balsámico
80 g de ruqueta

Champiñones

1. Disponer en una fuente para horno grande los tomates y los champiñones; echar por encima el ajo y rociarlos con el aceite. Hornear, sin cubrir, a 200-210 °C 40 minutos o hasta que el tomate se dore.
2. Entre tanto, en una sartén mediana calentar la mantequilla y con el azúcar; remover hasta que el azúcar se disuelva. Añadir la cebolla; cocerla removiendo hasta que se ablande. Cocer a fuego lento, sin tapar, 10 minutos hasta que la cebolla se caramelice, removiendo con frecuencia.
3. Cortar por la parte más estrecha de la calabaza rodajas de 5 mm de grosor. Calentar una sartén antiadherente mediana ligeramente engrasada y dorar la calabaza por ambos lados; escurrirla sobre papel absorbente.
4. Hacer la carne en la misma sartén. Sacarla y dejarla reposar 10 minutos antes de cortarla en filetes finos.
5. Verter el vinagre sobre el jugo que haya quedado en la sartén; cocer a fuego lento, sin tapar, 2 minutos. Añadir la cebolla caramelizada y remover hasta que se caliente.
6. Repartir la calabaza y los champiñones entre los platos individuales; poner encima la ternera, el tomate, la cebolla agridulce y la ruqueta.

PARA 4 PERSONAS

por ración 19,3 g de grasa; 491 kcal

cebiche

TIEMPO: 20 MINUTOS PREPARACIÓN (MÁS TIEMPO DE MARINADO Y REFRIGERACIÓN)

El cebiche es una ensalada de pescado muy consumida en toda América Latina. Aunque al marinar el pescado en zumo de lima parece que queda cocido, hay que tener en cuenta que está crudo. La corvina se puede sustituir por otro pescado blanco fresco. Se necesitan unas 10 limas para hacer el zumo.

1 kg de corvina en filetes
375 ml de zumo de lima
40 g de chiles jalapeños en conserva troceados
60 ml de aceite de oliva
1 tomate grande (250 g) troceado
$^1/_4$ de taza de hojas de cilantro frescas troceadas
1 cebolla pequeña (80 g) picadita
1 diente de ajo machacado

1. Quitar la piel y las espinas del pescado; cortarlo en trozos de 3 cm.
2. En una ensaladera de cristal o porcelana vitrificada, mezclar el pescado con el zumo de lima; tapar y refrigerar 4 horas o durante toda la noche.
3. Escurrir el pescado y desechar el zumo. Volver a poner el pescado en la ensaladera y agregar los ingredientes restantes; mezclar bien y refrigerar 1 hora.

Chiles jalapeños en conserva

PARA 4 PERSONAS

por ración 21,5 g de grasa; 440 kcal

sugerencia El pescado se debe marinar en un recipiente de cristal o de porcelana vitrificada, para evitar el regusto metálico que daría un recipiente de acero o aluminio. El pescado debe quedar totalmente cubierto por el zumo.

Cortar el pescado.

Verter el zumo de lima.

guarniciones

Aunque las ensaladas de este capítulo pueden tomarse solas, también sirven como guarnición de platos calientes. Un plato principal de pasta está muy desangelado si no le acompaña una ensalada de hojas crujientes; como mejor saben las carnes adobadas o a la plancha es sirviéndolas con unas verduras rebosantes de aroma y color; y nadie podrá negar que el pepino frío es un complemento perfecto para platos fuertes que además son pesados.

verduras a la plancha

TIEMPO: 15 MINUTOS PREPARACIÓN • 20 MINUTOS COCCIÓN

2 pimientos verdes medianos (400 g)
2 pimientos rojos medianos (400 g)
2 pimientos amarillos medianos (400 g)
1 cebolla morada grande (300 g)
4 calabacines verdes pequeños (240 g)
4 berenjenas (360 g)

ALIÑO BALSÁMICO
2 cucharadas de zumo de limón
1 diente de ajo machacado
60 ml de aceite de oliva
2 cucharadas de vinagre balsámico
1 cucharada de orégano fresco picado

Cortar el calabacín en láminas.

Cortar la berenjena en láminas.

1 Cortar los pimientos en cuatro a lo largo y quitarles las semillas y las membranas; cortarlos en tiras anchas. Partir la cebolla en 8 cuñas.

2 Cortar los calabacines y las berenjenas en láminas a lo largo.

3 Dorar las verduras en una plancha caliente y ligeramente engrasada (o en el grill o en una barbacoa). Mezclarlas en una ensaladera; aliñar y remover bien.

aliño balsámico Echar los ingredientes en un frasco de cristal con tapa y agitar.

PARA 4 PERSONAS

por ración 10,2 g de grasa; 152 kcal

sugerencia Preparar la ensalada el día antes, para que las verduras se impregnen con el aroma del aliño.

Si es posible conseguir calabacines con la piel amarilla, usar 2 calabacines verdes y 2 amarillos.

presentación y acompañamiento Esta colorista ensalada combina bien con un guiso de carne.

Pimientos verdes, amarillos y rojos

Cortar en lonchas los bocconcini.

Picar las alcaparras.

ensalada de bocconcini y albahaca

TIEMPO: 15 MINUTOS PREPARACIÓN • 2 HORAS COCCIÓN

8 tomates pera medianos (600 g) partidos por la mitad
1 cucharada de aceite de oliva
1 cucharada de vinagre balsámico
una pizca de pimienta negra recién molida
240 g de bocconcini (bolas de queso mozzarella) en lonchas
$^1/_4$ de taza de albahaca fresca

ALIÑO DE ALCAPARRAS

1 cucharada de alcaparras escurridas
2 cucharadas de aceite de oliva
2 cucharadas de vinagre balsámico
1 diente de ajo machacado

1 Sobre la bandeja del horno, colocar los tomates con la piel hacia abajo; regarlos con aceite y vinagre, y espolvorear la pimienta por encima. Hornearlos, sin cubrir, a 150 °C unas 2 horas o hasta que estén blandos.

2 Servir en los platos capas de tomate, queso y albahaca; aderezar.

aliño de alcaparras Picar las alcaparras y mezclarlas con los demás ingredientes en un frasco de cristal con tapa; agitar bien.

PARA 4 PERSONAS

por ración 28,4 g de grasa; 353 kcal

presentación y acompañamiento Combina muy bien con platos de pasta tradicionales como los ravioli de ricotta y espinacas.

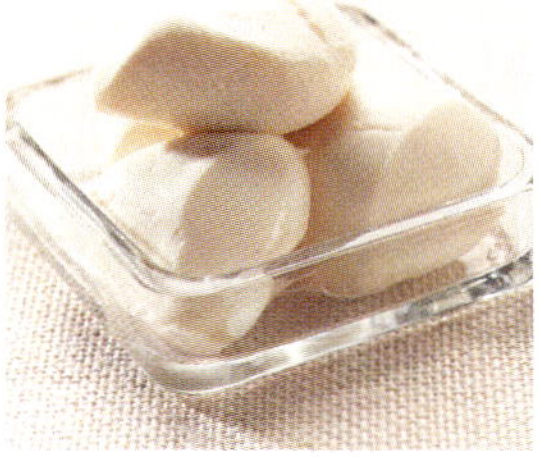

Bocconcini

ensalada marroquí de cuscús y tomates verdes

TIEMPO: 15 MINUTOS PREPARACIÓN (MÁS TIEMPO DE REPOSO) • 15 MINUTOS COCCIÓN

Se pueden usar almendras en lugar de pistachos.

2 tomates verdes medianos (380 g)
1 cucharada de aceite de oliva
60 g de mantequilla
2 cucharaditas de comino molido
2 cucharaditas de cilantro molido
300 g de cuscús
250 ml de agua hirviendo
50 g de piñones tostados pelados
50 g de pistachos tostados pelados y troceados
1 cebolla morada pequeña (100 g) picadita
1/3 de taza de hojas de cilantro frescas

1 Cortar los tomates en 8 cuñas. En una sartén grande calentar el aceite y cocinar el tomate, removiendo, unos 5 minutos o hasta que se dore ligeramente. Añadir la mantequilla; cocer, removiendo, hasta que ésta se derrita. Agregar las especias y seguir cociendo, sin dejar de remover, hasta que se note la fragancia. Sacar el tomate y reservar la salsa.

2 En una cazuela, echar el cuscús, la salsa del paso anterior y el agua hirviendo; dejar que repose 5 minutos y luego ahuecarlo con un tenedor.

3 Mezclar todo en una ensaladera y remover bien.

PARA 4 PERSONAS

por ración 33,7 g de grasa; 581 kcal

presentación y acompañamiento Servirlo con chuletas de cordero a la parrilla y pan tostado.

Tomates verdes

Ahuecar el cuscús con un tenedor.

Pelar los pistachos y trocearlos.

grandes ensaladas de col

Las nuevas versiones de las recetas clásicas dan una agradable variedad a las comidas. Por eso presentamos aquí tres variaciones de la ensalada de col con nuevos ingredientes que les dan un aire internacional; las recibirá con ganas renovadas.

ensalada de lombarda y manzana

TIEMPO: 15 MINUTOS PREPARACIÓN

Esta ensalada, de origen alemán, se puede servir templada o fría.

2 manzanas verdes medianas (300 g)
$^1/_2$ lombarda mediana (800 g) cortada en juliana (tiras muy finas)
2 cucharadas de semillas de alcaravea tostadas
2 cucharaditas de mostaza
125 ml de aceite de oliva
2 cucharadas de vinagre de frambuesa

1 Quitar el corazón a las manzanas sin pelarlas; cortarlas en bastoncitos del tamaño de un palillo.

2 En una ensaladera, mezclar la lombarda con la alcaravea; aderezar con los restantes ingredientes y remover bien.

PARA 8 PERSONAS

por ración 15,6 g de grasa; 176 kcal

sugerencia Si no tiene vinagre de frambuesa, utilice cualquier vinagre afrutado.

presentación y acompañamiento Perfecta para acompañar un lomo de cerdo a la parrilla.

ensalada aromática de col

TIEMPO: 20 MINUTOS PREPARACIÓN

Ésta es una ensalada ideal para quienes disfrutan con los aliños cremosos.

1 col mediana (1,5 kg) en juliana (tiras muy finas)
10 cebolletas muy picaditas
1 guindilla sin semillas picadita
1 taza de menta fresca cortada groseramente
$^1/_2$ taza de perejil fresco cortado groseramente
$^1/_2$ taza de hojas de cilantro frescas cortadas groseramente

ALIÑO DE LIMÓN

60 ml de zumo de limón
1 cucharada de mostaza
125 ml de aceite de cacahuete

1 En una ensaladera mezclar la col, las cebolletas, la guindilla y las hierbas.

2 Regar con el aliño de limón y remover.

aliño de limón Echar los ingredientes en un frasco de cristal con tapa y agitar bien.

PARA 8 PERSONAS

por ración 15,2 g de grasa; 179 kcal

sugerencia Al picar las guindillas y quitarles las semillas es conveniente ponerse guantes de goma para que no se irrite la piel.

presentación y acompañamiento Es estupenda cuando se reúnen muchos comensales, acompañando filetes o chuletas de cordero a la barbacoa.

ensalada de col y tallarines fritos

TIEMPO: 35 MINUTOS PREPARACIÓN

¿Se va de excursión al campo? Lleve por separado la pasta, el aliño y el resto de la ensalada; mézclelos cuando se la vayan a comer.

10 rábanos (150 g) limpios
1 pimiento rojo grande (350 g) en tiras finas
1 col china pequeña (450 g) en juliana (tiras muy finas)
6 cebolletas picaditas
80 g de brotes de soja
70 g de almendras sin piel tostadas y fileteadas
200 g de tallarines fritos

ALIÑO AGRIDULCE

160 ml de aceite de cacahuete
2 cucharadas de vinagre de vino blanco
2 cucharadas de azúcar moreno
2 cucharadas de salsa de soja
2 cucharaditas de aceite de sésamo
1 diente de ajo machacado

1 Cortar los rábanos en bastoncitos del tamaño de cerillas.

2 En una ensaladera mezclar los rábanos, el pimiento, la col, las cebolletas, los brotes de soja, las almendras y los tallarines fritos.

3 Verter el aliño sobre la ensalada y remover bien.

aliño agridulce Echar los ingredientes a un frasco de cristal con tapa y agitar.

PARA 8 PERSONAS

por ración 37,1 g de grasa; 457 kcal

sugerencia Si se quiere la ensalada más picante, añadir al aliño una cucharada de salsa de chile dulce o $^1/_2$ guindilla picadita.

Aunque los tallarines fritos se venden ya preparados en algunas tiendas especializadas en productos asiáticos, pueden freírse en casa una vez cocidos al dente.

presentación y acompañamiento Si se come en casa, servirla con ternera salteada; en el jardín, con salchichas a la barbacoa.

ensalada de lombarda y manzana *(a la izquierda)*
ensalada aromática de col *(arriba a la izquierda)*
ensalada de col y tallarines fritos *(arriba a la derecha)*

ensalada japonesa de pepino

TIEMPO: 25 MINUTOS PREPARACIÓN (MÁS TIEMPO DE REPOSO) • 10 MINUTOS COCCIÓN

Wakame *es el nombre de una de las muchas algas secas usadas en la cocina japonesa. Son de color verde oscuro y muy ricas en calcio; pueden consumirse, como en esta receta, desmenuzadas sobre la ensalada o tomarse como verduras (remojándolas antes en agua caliente). Se venden en los herbolarios; si no encuentra* wakame, *puede usar cualquier otro tipo de alga.*

2 pepinos grandes (800 g)
1 cucharada de sal gorda
80 ml de mirin
60 ml de vinagre de arroz
1 cucharada de salsa de soja
1 cucharada de dashi
2 cucharaditas de azúcar
200 g de tofu firme
aceite vegetal para freír
2 cucharaditas de algas wakame cortadas en tiritas

Wakame (algas secas)

1 Cortar los pepinos por la mitad a lo largo; quitarles las semillas y cortarlos en secciones finitas. Mezclarlos con la sal en un cuenco; tapar y refrigerar 30 minutos.

2 Entre tanto, en un cazo pequeño mezclar el mirin, el vinagre, la soja, el *dashi* y el azúcar. Remover a fuego lento, sin dejar que hierva, unos 5 minutos o hasta que el azúcar se disuelva; esperar a que se enfríe.

3 Cortar el tofu en dados de 3 cm. Calentar el aceite en una freidora o una sartén honda; freír el tofu y escurrirlo en papel absorbente.

4 Lavar los trozos de pepino con agua fría y escurrirlos.

5 Justo antes de servir, mezclar el pepino, las algas y la salsa de mirin; remover. Repartir el tofu entre los platos y decorar con la ensalada de pepino.

PARA 4 PERSONAS

por ración 5,9 g de grasa; 131 kcal (sin contar el aceite de freír)

sugerencia El pepino puede estar hasta 3 horas con la sal; cuanto más tiempo esté, más tierno y suave quedará.

presentación y acompañamiento Servir con un plato de sashimi (de salmón, atún y algún pescado blanco), salsa de soja, wasabi y jengibre encurtido.

Salar el pepino.

Picar las algas.

Tostar el comino y las semillas de cilantro.

Pelar el jengibre.

ensalada de lentejas y guisantes secos

TIEMPO: 10 MINUTOS PREPARACIÓN (MÁS TIEMPO DE REMOJO) • 40 MINUTOS COCCIÓN

Ésta es una variante de un clásico plato de la India, el dahl*, que combina legumbres y especias.*

100 g de guisantes secos amarillos
100 g de guisantes secos verdes
100 g de lentejas
60 ml de aceite de cacahuete
1 cucharadita de comino molido
1 cucharadita de semillas de cilantro
2 cucharaditas de semillas de mostaza negra
2 dientes de ajo machacados
1 cucharadita de jengibre fresco rallado
1 cebolla morada mediana (170 g) picadita
60 ml de zumo de lima
$^1/_3$ de taza de menta fresca picadita

1 En una ensaladera, cubrir de agua fría los guisantes; tenerlos en remojo toda la noche.

2 Enjuagarlos con agua fría y cocerlos en agua hirviendo, sin tapar, hasta que estén tiernos. Escurrirlos y dejar que se enfríen.

3 Lavar las lentejas con agua fría y cocerlas en agua hirviendo, sin tapar. Escurrirlas y dejar que se enfríen.

4 En una sartén pequeña, calentar 1 cucharada de aceite; tostar el comino y las semillas de cilantro, removiendo, hasta que éstas comiencen a abrirse. Añadir el ajo y el jengibre; cocer hasta que desprendan su aroma.

5 En una ensaladera mezclar las lentejas, los guisantes y las especias; agregar el aceite restante, la cebolla, el zumo de lima y la menta; remover bien.

PARA 6 PERSONAS

por ración 10,8 g de grasa; 242 kcal

sugerencia Cocer los guisantes y las lentejas el día antes y refrigerarlos, tapad0s, en un mismo recipiente.

presentación y acompañamiento Servir con pappadums y costillas a la barbacoa o alitas de pollo.

Lentejas rojas, guisantes verdes, guisantes amarillos

Cortar las patatas en dados.

Picar el estragón.

ensalada de patata

TIEMPO: 25 MINUTOS PREPARACIÓN (MÁS TIEMPO DE ENFRIAMIENTO) • 20 MINUTOS COCCIÓN

7 patatas rojas (pontiac, rubí...) grandes (2 kg)
1 cebolla grande (200 g) picada
6 cebolletas picaditas
2 cucharadas de estragón fresco picadito
5 huevos duros troceados
180 ml de mayonesa
180 ml de crema agria
1 cucharada de mostaza a la antigua
1 diente de ajo machacado
2 cucharadas de cebollino picadito

1 Pelar las patatas y cortarlas en dados de 2 cm. Cocerlas en agua, al vapor o en el microondas, hasta que estén tiernas; escurrirlas y dejar enfriar.

2 En una ensaladera mezclar las patatas, la cebolla, las cebolletas, el estragón, los huevos y los demás ingredientes; remover bien.

PARA 8 PERSONAS

por ración 23 g de grasa; 372 kcal

sugerencia Después de pelar las patatas, sumergirlas en agua fría para evitar que pierdan su bonito color.

presentación y acompañamiento Esta ensalada tradicional en Centroeuropa está deliciosa con salchichas a la parrilla y cebollas caramelizadas.

Patatas rojas

ensalada de apio nabo y manzana

TIEMPO: 35 MINUTOS PREPARACIÓN

El apio nabo es la deliciosa raíz de una planta invernal que también resulta muy rica en puré, como las patatas, si se mezcla con nata líquida, mantequilla y una pizca de nuez moscada.

2 yemas de huevo
1 diente de ajo machacado
$^1/_2$ cucharadita de sal
1 cucharadita de ralladura de limón
2 cucharadas de zumo de limón
250 ml de aceite de oliva virgen extra
1 cucharadita de salsa de rábano picante
500 g de apio nabo limpio y pelado
1 manzana roja grande (200 g)
2 zanahorias medianas (240 g) ralladas groseramente
100 g de nueces peladas troceadas
$^1/_4$ de taza de perejil fresco picado
1 ramillete (15 g) de cebollino fresco cortado en trozos de 7 cm

1 Pasar por la batidora las yemas, el ajo, la sal, la ralladura y el zumo de limón. Con la batidora en marcha, añadir el aceite poco a poco y seguir batiendo hasta que la salsa espese. Añadirle el rábano picante.

2 Con una mandolina o un cuchillo afilado, cortar el apio nabo y la manzana en lonchitas muy finas; después cortarlas en bastoncitos. Meterlas en un cuenco con agua para que no se decoloren.

3 En una ensaladera mezclar la manzana y el apio nabo escurridos, la zanahoria, las nueces, el perejil, el cebollino y el aliño preparado en el primer paso; remover bien.

PARA 4 PERSONAS

por ración 80 g de grasa; 801 kcal

sugerencia Si se considera usted un cocinero serio, no dude en comprarse una mandolina (fotografía de la izquierda). Este accesorio de cocina manual tiene varias cuchillas ajustables para cortes de precisión y permite cortar tanto en juliana (tiras muy finas) como en rodajas de distintos grosores.

Apio nabo

Rodajas de apio nabo finitas cortadas con la mandolina.

Cortar la manzana en bastoncitos.

tentadoras ensaladas de arroz

El versátil arroz demuestra lo fácil que es preparar deliciosas ensaladas en un momento; basta con añadir los ingredientes que se prefiera y quedarán cremosas y suculentas o crujientes y muy saludables.

ensalada de arroz integral

TIEMPO: 15 MINUTOS PREPARACIÓN
• 15 MINUTOS COCCIÓN

Para esta receta hay que cocer unos 120 g de de arroz integral.

500 g de gambas cocidas
200 g de arroz integral cocido
1 pimiento rojo (200 g) picadito
3 cebolletas en rodajas finas
2 ramas de apio (150 g) limpias y picaditas
2 cucharadas de zumo de limón
2 cucharadas de aceite de oliva
2 cucharadas de nata
2 cucharadas de cebollino fresco picadito
1 cucharadita de azúcar

1 Pelar las gambas y trocearlas.

2 En una ensaladera echar las gambas, el arroz, el pimiento, la cebolleta, el apio y los ingredientes restantes bien mezclados; remover.

PARA 8 PERSONAS

por ración 7,5 g de grasa; 144 kcal

ensalada de arroz salvaje

TIEMPO: 15 MINUTOS PREPARACIÓN • 25 MINUTOS COCCIÓN

El arroz salvaje, con su característico grano largo negro, fue durante siglos el alimento básico de muchas tribus indias de América. En nuestros días se ha comercializado en todo el mundo y se encuentra en la mayoría de los supermercados.

180 g de arroz salvaje crudo
20 g de mantequilla
250 g de champiñones cortados en láminas
1 diente de ajo machacado
2 cucharadas de vino tinto
3 ramas de apio (225 g) limpias
100 g de nueces peladas troceadas
85 g de pasas
2 cucharadas de vinagre de vino tinto
1 cucharadita de ralladura de naranja
60 ml de zumo de naranja
60 ml de aceite de oliva
1 cucharadita de azúcar

1 Echar el arroz en agua hirviendo y cocerlo unos 20 minutos o hasta que esté tierno; escurrir.

2 En una sartén grande, calentar la mantequilla; dorar los champiñones y el ajo, removiendo. Añadir el vino; cocer, removiendo, un minuto o hasta que el vino casi se haya evaporado.

3 Cortar el apio en rodajitas; en una ensaladera echar el arroz, los champiñones, las nueces, las pasas y los ingredientes restantes bien mezclados; remover.

PARA 8 PERSONAS

por ración 12,4 g de grasa; 249 kcal

presentación y acompañamiento Esta ensalada es un complemento perfecto para una comida campestre.

ensalada de arroz blanco

TIEMPO: 15 MINUTOS PREPARACIÓN • 5 MINUTOS COCCIÓN

Para esta receta hay que cocer unos 190 g de arroz blanco de grano largo.

1 mazorca de maíz de 400 g
300 g de arroz blanco cocido
1 pimiento rojo mediano (200 g) picadito
1 pimiento amarillo mediano (200 g) picadito
1 pimiento verde mediano (200 g) picadito
2 tomates medianos (380 g) sin semillas y picaditos
60 g de rábanos picaditos
1 cebolla morada pequeña (100 g) picadita
1 aguacate mediano (250 g) picadito
80 ml de zumo de lima
2 cucharadas de aceite de cacahuete
$^{1}/_{4}$ de taza de hojas de cilantro frescas picaditas

1 Limpiar la mazorca; cocerla en agua, al vapor o en el microondas hasta que esté tierna; desgranarla.

2 En una ensaladera mezclar el maíz y los ingredientes restantes; remover bien.

PARA 8 PERSONAS

por ración 11 g de grasa; 237 kcal

ensalada de arroz integral (*izquierda arriba*)
ensalada de arroz blanco (*izquierda abajo*)
ensalada de arroz salvaje (*arriba*)

ensalada de pasta

TIEMPO: 30 MINUTOS PREPARACIÓN • 15 MINUTOS COCCIÓN

Para esta ensalada hemos usado conchas de pasta, pero puede utilizarse cualquier pasta corta (coditos, macarrones, lazos, espirales...).

Conchas crudas y cocidas

375 g de conchas
6 lonchas de panceta
375 ml de mayonesa
90 g de mostaza a la antigua
180 ml de suero de leche
3 ramas de apio (225 g) limpias y cortadas en rodajitas
1 pimiento rojo grande (350 g) picadito
1 ramillete (15 g) de cebollino fresco picadito
2 cucharadas de perejil fresco picadito

1 Cocer la pasta en una cazuela grande con agua hirviendo, sin tapar, hasta que esté al dente. Dejar que se enfríe.

2 Mientras tanto, quitar la corteza a la panceta y desecharla; cortarla en trocitos y dorarla, removiendo, en una sartén; escurrirla sobre papel absorbente.

3 En una ensaladera batir con las varillas la mayonesa, la mostaza y el suero de leche.

4 Añadir la pasta, la panceta y los ingredientes restantes; remover.

PARA 6 PERSONAS

por ración 19,5 g de grasa; 415 kcal

sugerencias Si se quiere preparar la ensalada en menos tiempo, cocer la pasta con antelación; en el momento de usarla, pasarla por agua tibia y después por agua fría.

El suero de leche puede sustituirse por leche agria (*ver* glosario).

Para variar el sabor, se puede añadir a la mayonesa 2 cucharaditas de curry en polvo.

presentación y acompañamiento Un gran cuenco de esta ensalada es una espléndida guarnición para el pollo a la parrilla o a la barbacoa.

Quitar la corteza a la panceta y trocearla.

Batir la mostaza, la mayonesa y el suero.

ensalada de hojas

TIEMPO: 10 MINUTOS PREPARACIÓN

Esta nueva visión de la tradicional ensalada de lechuga está hecha con una mezcla de distintas lechugas y verduras de hoja. La mezcla la venden ya preparada y envasada en las fruterías y en las secciones de productos refrigerados del supermercado.

250 g de de verduras para ensalada variadas

VINAGRETA
125 ml de aceite de oliva
125 ml de vinagre de vino blanco
$^{1}/_{4}$ de taza de perejil fresco bien picadito
2 cucharaditas de mostaza

1 Lavar las hojas con agua fría; escurrirlas usando una centrifugadora (así quedarán más crujientes).

2 Echarlas en una ensaladera, aliñarlas con la vinagreta y remover.

vinagreta Mezclar los ingredientes en un frasco de cristal con tapa y agitar.

PARA 8 PERSONAS

por ración 14,9 g de grasa; 136 kcal

presentación y acompañamiento Añadiendo champiñones a la plancha, se convierte esta ensalada en un plato principal. Otra posibilidad es agregar pechuga de pollo cocida, mozzarella ahumada y avellanas picadas.

Mezcla de verduras para ensalada

Secar las hojas en una centrifugadora.

Agitar la vinagreta.

Cortar los tomates en rodajas finas.

Echar la sal.

ensalada de tomate, cebolla morada y albahaca

TIEMPO: 15 MINUTOS PREPARACIÓN

Esta ensalada está más sabrosa si, una vez hecha, se deja reposar 3 horas en el frigorífico.

4 tomates pera grandes (360 g) cortados en rodajas finas
1 cebolla morada pequeña (100 g) cortada en rodajas finitas
2 cucharadas de albahaca fresca
una pizca sal
una pizca de pimienta negra recién molida
una pizca de azúcar
2 cucharaditas de vinagre balsámico
2 cucharaditas de aceite de oliva virgen extra

1 En una fuente, alternar capas de tomate, cebolla y albahaca; espolvorear con la sal, la pimienta y el azúcar. Regar con el vinagre y el aceite.

PARA 4 PERSONAS

por ración 2 g de grasa; 37 kcal

presentación y acompañamiento Esta refrescante ensalada y un pollo asado componen una excelente comida veraniega. Asimismo, combina muy bien con un cuenco de espaguetis aliñados con hierbas frescas y aceite de oliva.

Hojas de albahaca

originales ensaladas de alubias

Estas fabulosas ensaladas y arrojan nueva luz sobre las manidas legumbres, un alimento básico y muy sano. Cuando las pruebe se preguntará cómo ha podido vivir hasta hoy sin ellas.

ensalada jamaicana de alubias negras

TIEMPO: 20 MINUTOS PREPARACIÓN (MÁS TIEMPO DE REMOJO Y ENFRIAMIENTO) • 45 MINUTOS COCCIÓN

400 g de alubias negras secas
5 tomates pera medianos (375 g) sin semillas y picaditos
250 g de tomates amarillos troceados
75 g de espinacas tiernas cortadas en tiritas
1 cebolla morada mediana (170 g) picadita
4 cebolletas picaditas

ALIÑO
1 diente de ajo troceado
80 ml de zumo de lima
$^{1}/_{2}$ cucharadita de azúcar
2 cucharadas de vinagre de vino blanco
80 ml de aceite de oliva
2 cucharadas de hojas de cilantro frescas picaditas
$^{1}/_{2}$ cucharadita de pimienta de cayena

1 En una ensaladera, cubrir las alubias con agua fría y dejarlas en remojo durante toda la noche; escurrirlas.

2 Cocerlas en una cazuela grande con agua hirviendo, sin tapar, unos 45 minutos o hasta que estén tiernas; escurrirlas y dejar que se enfríen.

3 Ponerlas en una ensaladera con los tomates, las espinacas, la cebolla y las cebolletas; añadir el aliño y remover.

aliño Batir el ajo, el zumo, el azúcar, el vinagre y el aceite hasta que el aliño espese ligeramente; agregar el cilantro y la pimienta.

PARA 8 PERSONAS

por ración 10,6 g de grasa; 234 kcal

presentación y acompañamiento Esta ensalada es una estupenda guarnición para la carne de cerdo a la parrilla con tortillas de harina mexicanas.

ensalada de alubias blancas y tomate asado

TIEMPO: 15 MINUTOS PREPARACIÓN (MÁS TIEMPO DE REPOSO) • 45 MINUTOS COCCIÓN

Las alubias secas se pueden sustituir por alubias en conserva escurridas.

400 g de alubias blancas secas
6 tomates pera grandes (540 g) en cuartos
80 ml de aceite de oliva
$^{1}/_{2}$ cucharadita de pimienta negra recién molida
1 cucharada de ralladura de limón
$^{1}/_{4}$ de taza de albahaca fresca
200 g de aceitunas negras sin hueso partidas por la mitad
1 diente de ajo machacado
80 ml de zumo de limón
1 cucharadita de azúcar

1 En una ensaladera, cubrir las alubias con agua fría y dejarlas en remojo toda la noche; escurrirlas.

2 Cocerlas en agua hirviendo, sin tapar, unos 45 minutos o hasta que estén tiernas; escurrirlas y dejar que se enfríen.

3 Colocar los trozos de tomate en una bandeja de horno; regarlos con la mitad del aceite y espolvorear la pimienta. Hornearlos, sin tapar, a 240-250 °C unos 30 minutos o hasta que estén blandos.

4 Poner las alubias y los tomates en una ensaladera y añadir la ralladura de limón, la albahaca, las aceitunas y los ingredientes restantes; remover bien.

PARA 8 PERSONAS

por ración 12 g de grasa; 250 kcal

presentación y acompañamiento Esta ensalada es una buena guarnición para mariscos o aves a la parrilla.

ensalada jamaicana de alubias negras (*arriba*)
ensalada de alubias blancas y tomate asado (*centro*)
ensalada griega de alubias (*abajo*)

ensalada griega de alubias

TIEMPO: 15 MINUTOS PREPARACIÓN (MÁS TIEMPO DE REMOJO Y ENFRIAMIENTO) • 45 MINUTOS COCCIÓN

Llamada en su tierra mavromatiki salata*, esta deliciosa ensalada de alubias se sirve a menudo como parte de un* mezze*, esa colección de entrantes (cremas, ensaladas y exquisiteces diversas) para chuparse los dedos que se come de primer plato o como una comida completa.*

400 g de alubias carilla
1 pimiento amarillo grande (350 g)
8 tomates pera medianos (600 g) sin semillas y troceados
2 cebollas moradas medianas (340 g) picaditas
240 g de aceitunas sin hueso troceadas
$^3/_4$ de taza de perejil fresco cortado groseramente
125 ml de vinagre de vino tinto
2 dientes de ajo machacados
250 ml de aceite de oliva virgen extra

1 En una ensaladera, cubrir las alubias con agua fría y dejarlas en remojo toda la noche; escurrirlas.

2 Cocerlas en agua hirviendo, sin tapar, unos 45 minutos o hasta que estén tiernas; escurrirlas y dejar que se enfríen.

3 Cortar el pimiento en cuatro y quitarle las semillas y las membranas. Asarlo en el horno a 240-250 °C, con la piel hacia arriba, hasta que la piel se ponga negra y le salgan ampollas. Sacarlos y taparlo con plástico o papel durante 5 minutos; pelarlo y cortarlo en tiras.

4 En una ensaladera mezclar las alubias, el pimiento y los demás ingredientes; remover bien.

PARA 8 PERSONAS

por ración 31,7 g de grasa; 336 kcal

presentación y acompañamiento Las alubias carilla son pequeñas, de color beige y tienen una mancha negra en la piel; son similares a las alubias blancas y se puede usar cualquiera de las dos.

ensalada francesa de judías verdes

TIEMPO: 10 MINUTOS PREPARACIÓN • 8 MINUTOS COCCIÓN

El valor de esta receta reside en que, a pesar de su simplicidad, su sabor y apariencia son los de la mejor cocina francesa.

800 g de judías verdes
1 cebolla morada mediana (170 g) picadita
1 diente de ajo machacado
1 cucharada de mostaza
2 cucharadas de zumo de limón
80 ml de aceite de oliva
2 cucharadas de perejil fresco cortado groseramente

1 Quitar las puntas de las judías. Cocerlas en agua, al vapor o en el microondas, hasta que estén tiernas; escurrirlas. Enjuagarlas con agua fría y escurrirlas de nuevo. En una ensaladera, mezclarlas con la cebolla.

2 En un cuenco, batir con las varillas los demás ingredientes; verterlos sobre las judías y remover.

PARA 4 PERSONAS

por ración 19,6 g de grasa; 227 kcal
presentación y acompañamiento Servirla con chuletas de cerdo a la parrilla y puré de batata.

Quitar las puntas de las judías.

Picar la cebolla.

Batir la salsa.

Quitar la piel a las avellanas.

Colar la vinagreta.

ensalada de sandía y avellanas con vinagreta de frambuesa

TIEMPO: 25 MINUTOS PREPARACIÓN • 7 MINUTOS COCCIÓN

50 g de avellanas
$^{1}/_{2}$ sandía mediana (1 kg) sin pipos
150 g de lechuga trocadero troceada
300 g de canónigos
150 g de frambuesas

VINAGRETA DE FRAMBUESA
150 g de frambuesas
160 ml de aceite de cacahuete
60 ml de vinagre de frambuesa

1 En la bandeja del horno sin nada de grasa, tostar las avellanas sin cubrir, a 180-190 °C unos 7 minutos o hasta que se doren ligeramente. Envolverlas en un paño de cocina y quitarles las pieles frotándolas con el paño; trocear.

2 Cortar la sandía en dados de 2 cm.

3 En una ensaladera mezclar la sandía con la lechuga, los canónigos y las frambuesas; añadir la vinagreta y las avellanas.

vinagreta de frambuesa Pasar los ingredientes por la batidora; colar la vinagreta en un cuenco.

PARA 4 PERSONAS

por ración 38,7 g de grasa; 419 kcal

presentación y acompañamiento Esta ensalada es perfecta como guarnición de platos de carne.

Canónigos

glosario

aceite

DE CACAHUETE se obtiene prensando cacahuetes molidos. Se usa sobre todo para saltear, porque puede calentarse a temperaturas muy elevadas sin que llegue a humear. Es muy habitual en la cocina asiática. Puede sustituirse por aceite de girasol.

DE OLIVA el de mejor calidad es el aceite de oliva virgen extra, que se obtiene de la primera prensada de las aceitunas. Es un aceite monoinsaturado, que se puede usar para cocinar cada día y también se puede comer crudo (en ensaladas,e etc.).

DE SÉSAMO se extrae de semillas de sésamo blanco tostadas y molidas; sirve más como saborizante que como medio de cocción.

VEGETAL nos referimos a cualquiera de los aceites obtenidos de grasas vegetales en lugar de animales, como el de girasol, el de oliva, etc.

alcaparras se usa en la cocina el botón de la flor de este arbusto propio de los climas mediterráneos. Las alcaparras son de color verde-grisáceo y se venden tanto deshidratadas como encurtidas en vinagre.

alcaparrones fruto que se forma después de que germinen los botones florales; se venden encurtidos en vinagre.

alubias negras alubias secas de aroma terroso. Se utilizan mucho en México, el Caribe y América Central y del Sur, para sopas y estofados;, allí se denominan frijoles.

arroz

INTEGRAL arroz entero, es decir, con cáscara.

KOSHIHIKARI arroz glutinoso blanco de grano redondo pequeño; es ideal para preparar el sushi japonés. Si no lo encuentra, puede sustituirlo por cualquier arroz blanco de grano corto.

azúcar a no ser que se especifique otra cosa, para las recetas de este libro se ha utilizado azúcar blanco de mesa.

MORENO azúcar integral de caña, de color marrón claro.

bok choy conocido también como acelga china; tiene un ligero sabor a mostaza y es adecuado para estofados o sofritos de verduras.

brotes se obtienen al inicio del crecimiento de las semillas germinadas. Se pueden encontrar brotes de mung, de soja, de alfalfa y de tirabeque.

caldo 250 ml de caldo equivalen a 250 ml de agua más una pastilla de caldo concentrado (o una cucharadita si es granulado o en polvo).

canónigos esta planta silvestre crece en invierno y se caracteriza por su textura crujiente. Su sabor recuerda al de los frutos secos y es ligeramente picante. Se consumen crudos y con aliños suaves.

cardamomo especia procedente de la India. Se puede comprar en vainas, en semillas o en polvo. Tiene un sabor muy peculiar, algo dulce, y es extremadamente aromático.

cayena la pimienta de cayena es un tipo de guindilla fina y extremadamente picante. Suele comercializarse seca y molida.

cebolla

CEBOLLETA el bulbo es pequeño y redondeado, de color blanco.

CEBOLLINO cebolla aún no madura con un tallo largo y comestible de color verde.

MORADA llamada a veces cebolla española, es grande, de aroma dulce y de color rojo púrpura.

cerdo a la barbacoa (al estilo chino) es una pieza de carne de cerdo recubierta con una capa dulce hecha con salsa de soja, jerez, sazonador de cinco especias (mezcla de canela, clavo, anís estrellado, pimienta de Sichuán e hinojo) y salsa hoisin. Se vende en tiendas de alimentación asiáticas o restaurantes especializados.

chiles y guindillas hay gran variedad de tipos y tamaños. Use guantes de goma al cortarlos y quitarles las semillas a los chiles y guindillas frescos, ya que irritan la piel. Quitar las semillas y las membranas atenúa el sabor picante.

JALAPEÑO chile verde bastante picante; puede adquirirse fresco o encurtido en vinagre.

chutney condimento agridulce de origen indio hecho con frutas cocidas en vinagre con azúcar y especias; tiene consistencia similar a la mermelada y lo hay de diversos sabores, en función de la fruta (piña, mango...).

cilantro llamado también perejil chino, es una hierba aromática de color verde brillante. Se utilizan tanto las hojas frescas como las semillas secas, enteras o molidas. Se emplea mucho en el norte de África, en Sudamérica y en Asia.

comino especia muy utilizada en Oriente, el norte de África y en el sur de España. Puede usarse en semillas o en polvo.

crema agria (contenido en grasa mínimo 35%) es una nata espesa tratada a nivel comercial para darle sabor agrio. Es muy apropiada para acompañar a las patatas asadas y para preparar cremas para untar, aderezos y tartas de queso.

cúrcuma raíz similar al jengibre; se vende en polvo y tiene un color amarillo intenso. Su sabor es amargo y se usa en pequeñas cantidades.

curry en polvo o en pasta; es una mezcla de especias; se puede escoger entre mezclas suaves o picantes. Se llama también curry al plato preparado usando estas especias.

cuscús un derivado de cereal hecho a base de sémola de trigo.

daikon el rábano daikon es un complemento cotidiano en la mesa japonesa. Este rábano picante, blanco y largo tiene un maravilloso sabor dulce y se utiliza tanto en los salteados como crudo en ensaladas; también se trocea y se marina en salsa de soja y azúcar, y a menudo se come con pescado. Se puede comprar ya encurtido en las tiendas especializadas en comida asiática.

dashi caldo japonés hecho a base de bonito seco y algas secas.

espinacas son ricas en hierro y es conveniente consumirlas crudas en ensalada o, en cualquier caso, muy poco cocidas.

fideos de arroz se preparan con harina de arroz. Se venden secos y se suelen cocinar fritos o o bien se ponen en remojo para después saltearlos o echarlos en las sopas.

galanga es la raíz de sabor picante de un miembro de la familia del jengibre. Se utiliza fresca o seca y molida. Su sabor picante recuerda al de la pimienta.

hierba limón llamada también limoncillo, es una hierba alta y de bordes recortados que huele y sabe a limón. Originaria de Tailandia y Vietnam, en la cocina asiática se usa mucho la parte inferior del tallo, de color blanco, troceada.

hierbas aromáticas lo mejor es usarlas frescas; en caso de tener que sustituirlas por hierbas secas (sin moler), la proporción será de 1:4 respecto a las hierbas frescas. Por ejemplo, 1 cucharadita de hierbas secas equivale a 4 cucharaditas de hierbas frescas picadas.

hinojo esta planta bulbosa está emparentada con el anís; el bulbo se consume crudo en ensaladas y cocido o rehogado como guarnición vegetal. De la planta se emplean también las semillas secas, que presentan un característico sabor que recuerda al anís y al regaliz.

jengibre

FRESCO raíz nudosa comestible de una planta tropical; tiene un sabor acre y picante. Se puede conservar pelado y sumergido en jerez seco en un tarro dentro del frigorífico, o se puede congelar en un recipiente hermético.

GLASEADO raíz fresca de jengibre conservada en un almíbar.

MOLIDO se emplea para dar sabor a tartas, pasteles y púdines. No puede sustituirse por jengibre fresco.

kalonji conocido también como nigella o semillas de cebolla negra. Se puede comprar en herbolarios.

kecap manis también llamada *ketjap manis*, es una salsa de soja indonesia espesa a la que se añaden azúcar y especias.

leche agria se hace con leche fresca de vaca fermentada; es muy nutritiva. Para hacerla en casa, añada una cucharadita de vinagre o una cucharada de zumo de limón a una taza de leche (mejor si es desnatada); remueva y deje reposar 15 minutos.

leche de coco se vende en latas y suele contener dos partes de coco por una parte de agua.

mezcla de especias marroquíes conocida también como *baharat*; las mezclas comercializadas incluyen pimienta negra molida, canela, clavo, cilantro, comino, nuez moscada, pimentón, romero y cúrcuma.

mirin vino de arroz, dulce y con poco contenido de alcohol, usado en la cocina japonesa; a veces se le denomina simplemente vino de arroz, pero no debe confundirse con el *sake*, que es que se prepara para beber.

mizuna verdura japonesa de la familia del nabo cuyas hojas, similares a las de la escarola, se comen en ensalada.

mostaza

A LA ANTIGUA mostaza francesa tradicional, de sabor intenso; presenta en la pasta trozos grandes de semillas de mostaza machacadas.

EN POLVO semillas de la planta de

la mostaza molidas muy finamente. Es un polvo de sabor picante, de color entre blanco y amarillo.

mung también se conoce como judía mungo. Legumbre de climas cálidos cultivada tradicionalmente en la India. Los granos son de color verde y más pequeños que los de la soja. Es rica en proteínas, vitaminas, fósforo y calcio.

nata (contenido mínimo de grasa del 35%). Se conoce también como crema de leche o nata líquida. No lleva aditivos espesantes, como la nata para montar.

nori alga seca usada en la cocina japonesa como aromatizante, guarnición o para elaborar el sushi. Puede adquirirse en hojas, tostada o cruda.

pan

ÁCIMO pan plano hecho sin poner levadura en la masa; es originario de la cuenca mediterránea.

CHAPATA en italiano la palabra significa zapatilla, que es la forma tradicional que se le da a este popular pan crujiente.

PIDE conocido también como pan turco, se vende en barras alargadas y planas o en piezas individuales redondas; la materia prima es la harina de trigo. Se espolvorea con semillas de sésamo o de cebolla negra.

PITA pan libanés de harina de trigo. Es un pan hueco que se vende en piezas redondas y planas, y se separa fácilmente en dos capas delgadas.

papaya fruta tropical grande, de color rojo anaranjado y forma de pera. A veces, para guisar, se usan papayas verdes (sin madurar).

pappadums tortitas hechas de harina de lentejas y harina de arroz, aceite y especias; se secan al sol.

pasta de gambas la pasta de gambas fermentada se utiliza mucho en el sureste asiático. Se puede encontrar en las tiendas de productos asiáticos con el nombre tailandés *kapi* o el vietnamita *mam tôm*.

pato a la barbacoa, *ver* cerdo a la barbacoa

pescado en algunas recetas de este libro se utiliza pescado crudo. Procure que sea muy fresco y adquiéralo en establecimientos de confianza.

pimentón pimiento rojo seco molido; hay dos clases: dulce y picante.

polenta similar a la harina de maíz pero menos fina y de color más oscuro; se llama también así al puré más o menos espeso que se hace con ella.

queso

AZUL queso mohoso con motas azul verdosas; hay muchas variedades, blandos y cremosos o firmes, más fuertes y más suaves.

BOCCONCINI bolas de queso mozzarella.

DE CABRA tiene un sabor fuerte y puede encontrase en dos texturas: blando y firme.

FETA queso de oveja o de cabra, de origen griego y textura granulada, con un sabor intenso y salado.

HALOUMI queso de origen chipriota hecho con leche de oveja. Es de color crema, consistencia firme y está curado en salmuera. Tiene un sabor similar al del queso feta griego, pero más salado y con un suave toque de menta. Se puede asar o freír sin que se deshaga.

JARLSBERG queso noruego de leche de vaca; firme, con grandes agujeros y un ligero sabor a frutos secos.

MOZZARELLA queso de pasta hilada originario del sur de Italia; el auténtico se hace con leche de búfala, aunque el que se suele comercializar es de leche de vaca.

PARMESANO queso italiano curado hecho con leche de vaca semidesnatada o desnatada. Los mejores se curan al menos durante tres años.

PECORINO es el nombre italiano genérico para todos los quesos de leche de oveja. Se puede sustituir por un queso manchego de oveja 100%.

RICOTTA queso italiano fresco, sin madurar, hecho con suero de leche; tiene poca grasa (8,5%). Se puede sustituir por requesón.

ruqueta llamada también oruga, jaramago o rucola (su nombre italiano), es una hierba de sabor amargo y algo picante que se usa básicamente en ensaladas.

sake el vino de arroz preferido en Japón para beber; también se utiliza en la cocina para marinados y salsas. Se puede sustituir por jerez seco, coñac o vermut. Cuando se consume como bebida se sirve templado;

para ello, 20 minutos antes de servirlo se sumerge la botella en agua caliente.

salsas

DE RÁBANO PICANTE elaborada con rábano picante rallado, vinagre o zumo de limón, azúcar, mostaza y nata.

DE SOJA obtenida de la soja fermentada. En los grandes supermercados y en las tiendas de productos asiáticos se pueden adquirir varios tipos. En las recetas de este libro hemos usado una salsa baja en sal.

HOISIN es una salsa china, espesa, dulce y picante hecha con granos de soja fermentados y salados, cebolla y ajo; se usa para marinar, rociar alimentos durante la cocción o dar sabor a alimentos fritos, asados o a la barbacoa. En su defecto puede usarse ketchup mezclado con un poco de salsa de soja, ajo y azúcar.

TABASCO marca registrada de una salsa extremadamente picante elaborada con vinagre, guindillas y sal.

WORCESTERSHIRE salsa especiada de color marrón oscuro y bastante diluida que se utiliza como sazonador y como condimento.

sazonador de cinco especias una fragante mezcla oriental de cinco especias: canela, clavo, anís estrellado, pimienta de Sichuán y semillas de hinojo.

semillas de sésamo semillas blancas o negras de la planta tropical *Sesamum indicum*. Se pueden comprar crudas o tostadas. En casa se pueden tostar en una sartén antiadherente a fuego medio poco tiempo o bien en el horno, extendiéndolas en la bandeja y horneándolas brevemente a 180-190 °C.Son una buena fuente de calcio.

setas shiitake conocidas también con el nombre de *donko* o seta china, pertenecen a la familia *Lentinus*; se suelen vender deshidratadas y hay que remojaralas antes de su uso.

soba espaguetis secos japoneses hechos de harina de trigo sarraceno.

suero de leche es bajo en grasa: 1,8% (1,8 g de grasa por 100 ml) y se puede encontrar en algunas tiendas y herbolarios con los lácteos frescos. Originalmente era la parte líquida que se separaba al coagularse la leche para hacer mantequilla o queso. Es un sustituto bajo en calorías para la nata o la crema agria, y a su vez puede sustituirse por yogur desnatado o leche agria.

tahini es una pasta cremosa y densa a base de semillas de sésamo machacadas; se añade al humus y a otras recetas del Oriente Próximo.

tamarindo fruto del árbol del mismo nombre de pulpa marrón rojiza. Para extraer su esencia ácida y agria, se remoja en agua hirviendo hasta que el agua se enfría y después se presiona en un colador para echarlo en la misma agua; se utiliza el agua aromatizada y se desecha la pulpa. Se puede sustituir por vinagre o limón.

PULPA la pulpa del fruto puede adquirirse también deshidratada.

CONCENTRADO pasta de color negro púrpura, espesa, lista para consumir que se obtiene de la pulpa del tamarindo; se utiliza en salsas y guisos.

tirabeque hortaliza de vaina, es un guisante mollar; la vaina se come entera, sin desgranar. Se conoce también como arveja china.

tofu llamado también requesón de soja, se consigue cuajando la «leche» obtenida al prensar las alubias de soja; se vende fresco (blando o firme) y también seco, frito o en lonchas finas. El tofu fresco sobrante se puede conservar en el frigorífico cubierto con agua (que se cambiará cada día) hasta 4 días.

tortillas tortas finas y redondas hechas de pan sin levadura originarias de México. Se pueden hacer en casa o comprarlas frescas, envasadas al vacío o congeladas. Las hay de harina de trigo y de harina de maíz.

vinagre

BALSÁMICO el auténtico es el proveniente de la provincia de Módena (Italia); se hace con un vino del lugar de uvas 0 *trebbiano* especialmente procesado y después envejecido en antiguas barricas de madera para conseguir su exquisito sabor intenso.

DE ARROZ muy utilizado en la cocina asiática. Se elabora con vinos de arroz agrios y fermentados. Puede sustituirse por vinagre de vino blanco.

DE CAÑA DE AZÚCAR se elabora a partir del alcohol de la caña de azúcar.

DE CAVA elaborado a partir de esta bebida con un lento proceso que le proporciona su característico sabor.

DE FRAMBUESA se elabora con frambuesas frescas maceradas en vinagre de vino blanco.

DE SIDRA elaborado a partir de manzanas fermentadas.

DE VINO BLANCO elaborado a partir de vino blanco.

DE VINO TINTO elaborado a partir de vino tinto.

wakame alga seca utilizada en la cocina japonesa; de color verde oscuro y rica en calcio, se puede picar para tomarla en ensaladas o incorporarla a caldos y sopas. Hay que reconstituirla en agua caliente para consumirla como una verdura.

wasabi rábano picante japonés con el que se elabora una pasta muy fuerte que suele servirse con platos de pescado crudo. Se vende en polvo y en pasta.

wonton esta masa oriental se pueden sustituir por obleas de empanadilla, placas de pasta para lasaña, etc.

yogur el yogur natural, además de ser un buen alimento en sí mismo, se puede utilizar para ablandar la carne, como base de salsas variadas o como enriquecedor y espesante de platos diversos.

ATENCIÓN

Algunos de los aliños de este libro contienen huevo crudo; recomendamos que no haga estas recetas si en el lugar donde usted vive hay casos de salmonela. Lave siempre bien los huevos antes de cascarlos.

LOS FRITOS CON MUCHO ACEITE AUMENTAN LA GRASA

Si fríe con mucho aceite, debe aumentar la cantidad de grasa por ración en 10 o 15 gramos, dependiendo del tamaño del alimento frito.

índice de recetas